QU'EST-CE QUE LE PRINCIPE DE PRÉCAUTION ?

COMITÉ ÉDITORIAL

*La liste des ouvrages publiés dans la même collection
se trouve en fin de volume*

CHEMINS PHILOSOPHIQUES

Collection dirigée par Roger POUIVET

Denis GRISON

QU'EST-CE QUE LE PRINCIPE DE PRÉCAUTION ?

Paris
LIBRAIRIE PHILOSOPHIQUE J. VRIN
6, place de la Sorbonne, V^e
2012

Hans Jonas, *Le principe responsabilité*,
trad. fr. Jean Greisch, collection « Passages »
© Paris, Éditions du Cerf, 1990.

© *Librairie Philosophique J. VRIN,* 2012

Imprimé en France

ISSN 1762-7184

ISBN 978-2-7116-2419-5

www.vrin.fr

QU'EST-CE QUE LE PRINCIPE DE PRÉCAUTION ?

Les attaques contre le principe de précaution n'ont pas eu de cesse depuis la grande célébration du Sommet de la terre de Rio (juin 1992) qui l'a porté sous les projecteurs. Si l'on suit l'histoire de ce principe et l'usage qui en est fait, l'impression qui en ressort est qu'il est multiforme, désordonné. Il est évoqué dans toutes sortes de situations, qui ont peu à voir les unes avec les autres. On peut aussi observer les références de plus en plus nombreuses qui lui sont faites, et ces deux derniers points marquent un nouveau risque qu'il encourt, celui de la banalisation. Pour commencer, je voudrais secouer quelques préjugés tenaces qui collent au principe de précaution et lui font des semelles de plomb. Non, défendre le principe de précaution, ce n'est pas vouloir fermer les parcs publics dés que le vent se met à souffler, interdire aux enfants de se lancer des boules de neige, vouloir garder enfermés toute leur vie les personnes réputées dangereuses, ni même faire démonter des antennes-relais pour « trouble de voisinage ». Principe de précaution, que de sottises a-t-on dites et défendues en ton nom ! En particulier est-il vu comme un appel à multiplier toutes sortes de précautions, quelles qu'en soit la nature et le domaine, et à pousser aussi loin que possible cette logique de précaution : « on n'en fait jamais assez s'agissant de la sécurité, de la santé de nos concitoyens », comme le disait un Ministre de l'intérieur[1]. Récemment avec la grippe A (H1N1), la tempête Xynthia, l'éruption du volcan islandais, le principe de précaution a été appelé à la rescousse pour justifier la prise de mesures de sécurité radicales, d'hyper-sécurité, pourrait-on dire. Vaccination générale, destruction de toutes les habitations en zone inondable, interdiction de tous les vols : le principe de précaution exigeait-t-il tout cela ?

Ce petit ouvrage voudrait être une contribution à une meilleure compréhension de ce principe absolument indispensable dans le monde d'aujourd'hui. Plus précisément, il poursuivra un double objectif. Le premier, directement centré sur le principe de précaution : il s'agira de le définir et d'en donner les conditions d'un « bon usage ». Le second visera à élargir le propos, en donnant les linéaments de ce qui pourrait être une philosophie de la précaution. Je commencerai à justifier l'introduction de cette vision élargie en montrant la nécessité d'asseoir le principe de précaution sur un sous-bassement tout à la fois robuste et novateur, que j'appelle la précaution ; et je montrerai que ce sous-bassement est en rupture avec celui qui a prévalu depuis deux siècles, l'idéologie du progrès. Mais avant d'aborder tout ceci, un rapide historique et une première définition s'imposent ; en route, nous découvrirons les multiples controverses dont il a fait l'objet dés sa naissance, et éclairer ces controverses est également un des enjeux de cet ouvrage.

---

1. Brice Hortefeux, déclaration à Radio J le 7 mars 2010.

PREMIÈRE APPROCHE : DE L'ORIGINE AUX CONTROVERSES

Origine du principe de précaution

On peut situer la naissance du principe en Allemagne, dans les années 70 : pour la première fois, on voit apparaître la formule « *Vorsorgende Umweltpolitik* »[1] dans un texte du gouvernement allemand destiné à servir de guide à sa politique de l'environnement. C'est le Sommet de la terre à Rio, en 1992, qui a contribué à son lancement dans le grand public, l'article 15 de la Déclaration qui a suivi stipulant que

> pour protéger l'environnement, des mesures[2] de précaution doivent être largement appliquées par les Etats selon leurs capacités. En cas de risques de dommages graves ou irréversibles, l'absence de certitude scientifique absolue ne doit pas servir de prétexte pour remettre à plus tard l'adoption de mesures effectives visant à prévenir la dégradation de l'environnement.

Risques, incertitude, prise de mesures anticipée : le triptyque sur lequel repose le principe est installé. Le traité de Maastrich a fait entrer le principe de précaution dans le droit européen (1992). La Résolution du Conseil européen de Nice (2000) en a défini précisément le contenu. La France l'a fait parvenir au sommet de la hiérarchie du droit avec son introduction en 2005, par le biais de la Charte de l'environnement, dans le préambule de la Constitution française. Hors Europe, le principe de précaution n'a pas connu le même succès. Mais

---

1. *Vorsorgende Umweltpolitik*, c'est-à-dire « politique environnementale précautionneuse » (Document de 1976).

2. Dans le texte anglais il est écrit : « *the precautionary approach* », qui a été traduit par « des mesures de précaution ».

le panorama est plus contrasté que ne pourrait le laisser penser une approche trop rapide : c'est ainsi que si aux Etats-Unis l'Etat fédéral y est opposé, certains Etats et villes s'y sont plus ou moins explicitement ralliés.

Mésusages et polémiques

Tout est-il alors pour le mieux dans le meilleur des mondes du principe de précaution ? Non car, comme nous l'avons vu, le principe est victime de toutes sortes de mésusages, et se trouve à l'origine de nombreuses polémiques. Pour les mésusages tout d'abord on peut distinguer différents cas de figure. Le premier, où l'on pourrait dire que l'usage qui en est fait est farfelu. Voici un exemple :

> Avec la mise à l'écart d'œuvres qui ne relèvent pas directement de la représentation religieuse, la polémique franchit un pas nouveau, une semaine après l'autocensure d'Idoménée en Allemagne. Invoquant le principe de précaution, la direction du Deutsche Oper, l'une des trois scènes lyriques de Berlin, a décidé, le 25 septembre, de déprogrammer l'opéra de Mozart [1].

Le second, lorsque son usage est hors de propos. Ce peut être que son objet n'est pas le bon, par exemple lorsqu'on l'applique dans le domaine judiciaire (c'est le cas lorsqu'il est évoqué pour justifier le principe des rétentions de sûreté). Ce peut être aussi quand l'incertitude qui est attachée à la situation n'est pas la bonne (cas de la fermeture d'une autoroute en cas de fortes chutes de neige) : je reviendrai sur ce point très important, à l'origine de nombreux abus d'usage.

---

1. *Le Monde*, le 6 octobre 2006.

Il faut signaler enfin un troisième cas, lorsqu'il y a incompréhension dans l'usage qui en est fait. On est alors face à une situation où le principe de précaution s'applique effectivement, mais où les démarches retenues ne sont pas les bonnes (par exemple lorsqu'il est interprété comme devant déboucher automatiquement sur une décision d'interdiction, sans qu'aucun débat, aucune délibération n'ait été engagée).

Pour le *premier cas* il y a peu de choses à dire, sinon qu'il souligne la séduction que le principe exerce sur les personnes à la recherche d'arguments pour justifier des décisions où elles se défaussent de leur responsabilité, et cela finit par tout brouiller. La réponse ici se situe dans la déontologie. *Le second cas* résulte le plus souvent d'une confusion entre deux situations : la précaution et la prévention, j'y reviendrai un peu plus loin. La réponse à ce niveau se situe dans la connaissance du principe. Le *troisième cas* est le plus intéressant, c'est aussi le plus difficile, et c'est autour de lui que tournera l'essentiel de cet ouvrage. C'est le problème de la bonne application du principe de précaution, qui demande tout à la fois de connaître les textes mais aussi l'esprit qui les éclaire – ce qui est un enjeu culturel et philosophique.

Venons-en maintenant aux polémiques et attaques dont il est victime. Adhérer au principe de précaution, ce serait manquer de courage, bloquer toute innovation, être irrationnel, comme l'explique M. Tubiana :

> On reproche aux scientifiques leur obstination à ne reconnaître que les hypothèses validées, ce qui serait source de désastres (…) Or l'oubli de la rationalité est toujours coûteux (…) Un autre danger du principe de précaution est d'accréditer le mythe du risque zéro (…) La banalisation du principe de précaution pourrait devenir un obstacle au progrès (…) Un danger fondamental du principe de précaution réside dans

l'équivalence accordée à une « hypothèse non infirmée » et à une démonstration scientifique (…) On ne répond pas à l'incertain par l'irrationnel[1].

Irrationalité, manque de courage, blocage de la recherche et de l'innovation : voilà le principe de précaution accusé de bien des maux. Mais on pourrait tout aussi bien retourner le compliment : n'est-il pas irrationnel d'ignorer ces risques potentiels et d'attendre la certitude de leur existence pour engager une action, qui a toute chance d'être trop tardive pour empêcher la survenue des dommages ? Le courage consiste-t-il à placer sa vie dans les mains de la fortune ? Et enfin la recherche et l'innovation ne pourraient-elles pas être dopées plutôt que freinées par la mise en œuvre du principe de précaution s'il est vrai qu'il nous demande de multiplier les études pour connaître plus précisément les risques, et d'envisager toutes les possibilités de le prévenir – et, parmi ces possibilités figurent bien entendu le remplacement de certaines technologies pourvoyeuses de risques par d'autres que l'on peut espérer plus sûres ?

Plus précisément, trois griefs

Si l'on regarde plus précisément, trois griefs sont opposés au principe de précaution. *Le premier*, d'être risquophobe, polarisé par l'hypothèse du pire, ignorant de ce qu'est la vie en général (car la vie comprend nécessairement une prise de risque), et donc pour résumer de manquer de courage. *Le second* d'être irrationnel, en particulier en ce qu'il ne sait pas peser pour les comparer les avantages et les risques, en ne se focalisant que sur les seconds. *Le troisième*, d'être irréaliste

1. M. Tubiana, *L'éducation et la vie*, Paris, O. Jacob, 1998, p. 216 à 220.

quand il demande l'«inversion de la charge de la preuve» : alors qu'auparavant il appartenait à un plaignant voulant faire interdire un produit ou un procédé d'apporter la preuve de sa nocivité, la nouvelle situation verrait le concepteur de ce produit ou de ce procédé dans l'obligation de prouver son innocuité avant de le mettre sur le marché. Reprenons donc plus précisément ces trois griefs.

Est-il vrai que le principe de précaution soit risquophobe ? Je m'emploierai à montrer qu'il ne demande pas de ne jamais prendre de risque, qu'il ne demande pas non plus d'imaginer les risques les moins probables et d'en faire ensuite des arguments pour bloquer toute innovation, mais qu'il demande par contre de ne pas prendre de risque inconsidéré (lorsque le risque est trop énorme, ou n'apparaît absolument pas justifié en regard du faible bénéfice – ou de l'absence de bénéfice – qui est apporté. Je montrerai aussi qu'il ne demande pas non plus d'être focalisé sur le scénario du pire, de régler l'action sur lui, mais qu'il demande par contre de ne pas l'évacuer d'un simple revers de main : le pire est possible, l'histoire nous l'a déjà montré.

Pour ce qui est de l'irrationalité, je montrerai que si le principe de précaution demande de ne pas nous laisser abuser par les promesses d'un avenir radieux auquel nous conduiraient mécaniquement les avancées de la science, il ne demande aucunement d'ignorer ce que la science peut apporter de bon et de positif pour l'homme et la société. Pour ce qui est enfin de l'irréalisme du principe de précaution, je montrerai qu'il est faux de l'associer à une exigence de preuve de l'absence de tout risque avant d'introduire quelque innovation, ce qui reviendrait à lui attribuer cette naïveté qui consiste à penser que la science puisse apporter des preuves absolues, définitives. Je montrerai que le principe de précaution demande seulement qu'avant de se lancer dans une action susceptible d'introduire des risques, la partie qui en est responsable conduise au préalable des recherches visant, dans les limites du raisonnable et du possible, à les connaître, évaluer, réduire.

Revenir aux textes

Pour répondre à ces accusations je propose de commencer par revenir aux textes. Je m'appuierai sur la Charte de l'environnement[1] et sur deux documents de l'Union Européenne[2]. Prenons comme point d'appui l'article 5 de la Charte :

> Lorsque la réalisation d'un dommage, bien qu'incertaine en l'état des connaissances scientifiques, pourrait affecter de manière grave et irréversible l'environnement, les autorités publiques veillent, par application du principe de précaution, et dans leurs domaines d'attribution, à la mise en œuvre de procédures d'évaluation des risques et à l'adoption de mesures provisoires et proportionnées afin de parer à la réalisation du dommage.

Les lignes de force du principe apparaissent avec netteté dans ce texte très ramassé, et sont précisées par la lecture des documents plus fournis de l'Union européenne. Nous pouvons en tirer plusieurs enseignements. Les acteurs qui sont en charge de la mise en œuvre du principe de précaution sont les puissances publiques (qui peuvent par conséquent être

1. La Charte de l'environnement a été adoptée et placée dans le Préambule de la Constitution française en 2005.
2. La Communication de la Commission européenne sur le principe de précaution du 2 février 2000 (que je nommerai Communication) et une Résolution du Conseil européen de la même année (que je nommerai Résolution). Toutes deux sont disponibles sur le site internet de l'UE : http ://europa.eu.

mises en cause pour non-application ou mauvaise application du principe de précaution devant les tribunaux administratifs et le Conseil d'Etat). Le principe de précaution s'applique dans des situations de risque qui recouvrent l'environnement, mais aussi la santé[1]. Deux conditions sont requises pour le déclenchement du principe de précaution. Tout d'abord la présence d'un risque de dommage « grave et irréversible » ; ensuite ce risque doit être lui-même « incertain » – c'est-à-dire qu'il n'est pas sûr que le risque existe, mais qu'il n'est pas non plus risque simplement imaginaire, simple conjecture, qu'il commence à être étayé par des observations et/ou des expérimentations convergentes.

Quant à son contenu, le principe recouvre trois parties : l'évaluation du risque redouté, les mesures proprement dites, la communication. En cas d'alerte, des études doivent être très rapidement lancées pour évaluer le plus précisément possible le risque. Il demande ensuite que des mesures proportionnées à la nature et à la gravité estimées du risque soient prises sans attendre, et que ces mesures soient révisables, en particulier en tenant compte de l'avancement de la recherche. Pour ce qui est de la communication, il demande qu'elle soit comprise dans son sens le plus large (la communication, c'est l'ensemble des processus qui relient les hommes) en soulignant l'importance d'une association précoce de toutes les parties concernées, ainsi que de la transparence qui doit être toujours recherchée[2].

---

1. « Le principe de précaution s'affirme progressivement en tant que principe de droit international dans les domaines de la protection de la santé et de l'environnement » (Résolution, art. 3).

2. « La procédure de décision devrait être transparente et associer dés le début la totalité des parties intéressées (Communication, art. 5) ; « La société civile doit être associée et une attention particulière doit être accordée à la

Tournons-nous maintenant vers la question de l'incertitude, afin d'en distinguer différents types, ce qui nous permettra de fonder la distinction entre prévention et précaution. Le *premier type d'incertitude* correspond à ce que l'on appelle « univers risqué », il s'agit de la situation où l'on connaît les évènements indésirables et la probabilité de leur survenue, et où l'incertitude ne concerne que le fait de savoir si le dommage se réalisera ou non dans une situation donnée. On peut illustrer cela par le tirage d'une boule dans une urne dont on connait la composition. Admettons qu'elle contienne 3 boules rouges et 7 vertes, et que le tirage d'une boule rouge signifie un dommage : lors d'un tirage il y a incertitude sur la couleur de la boule tirée (donc sur la réalisation du dommage), mais ni sur l'ensemble des évènements possibles (appelé univers des possibles), ni sur les probabilités afférentes. Le *deuxième type* est celle de l'« univers incertain ». Elle correspond à la situation où l'on connaît l'univers des possibles mais pas les probabilités de chacun des évènements : ce serait le cas si l'urne contenait des boules rouges et des boules vertes, mais sans que l'on ne connaisse le nombre de boules de chacune des couleurs. On sait qu'un dommage est possible, on en connaît la nature, mais on ne sait pas quelle est la probabilité de sa survenue. Le *troisième type* enfin est celle de l'« univers indéterminé ». Dans ce cas c'est l'univers des possibles lui-même qui est inconnu, un dommage imprévisible peut survenir, et aucune probabilité n'est possible (par exemple dans notre urne il y a des boules rouges et vertes, mais également d'autres boules dont on ne connait pas la couleur).

---

consultation de toutes les parties intéressées à un stade aussi précoce que possible » (Résolution, art. 15).

Les situations qui se rapportent à la première situation renvoient à la prévention : le dossier scientifique est alors complet, l'incertitude ne porte que sur la réalisation ou non du risque en une occurrence donnée (c'est le cas par exemple des accidents de la route). Invoquer le principe de précaution dans cette situation est hors de propos. Les situations qui se rapportent aux deux autres cas renvoient par contre à la précaution. Ce sont des situations où le dossier scientifique n'est pas complet, comme il est dit dans la Charte de l'environnement qui évoque « la réalisation d'un dommage, bien qu'incertaine en l'état des connaissances scientifiques ». L'incertitude y est attachée au fond de la situation elle-même : quelle est la nature exacte du risque, quels sont les facteurs qui le gouvernent, etc. ? On pourrait donner comme exemple notre situation face à certains virus qui sont aujourd'hui cantonnés mais qui pourraient être brusquement introduits dans le grand circuit des échanges mondiaux comme on l'a vu avec le SIDA.

Bien distinguer précaution et prévention, se référer aux textes, tout cela ne constitue-t-il pas un très sérieux garde-fou face à toutes les dérives redoutées ? Mais, nous allons le voir, les adversaires du principe de précaution ont d'autres arguments à faire valoir.

Une attaque plus centrale :
principe de précaution et psychologie humaine

Certes, accorderont les adversaires les moins mal intentionnés du principe de précaution, l'image du principe donnée par les textes est bien plus favorable que celle brandie par ses détracteurs. Mais, poursuivent-ils, les textes ne sont pas des garde-fous, et il suffit de se pencher sur l'usage réel qui est fait du principe pour voir qu'ils ne cessent d'être contournés. Ces auteurs soulignent que le principe de précaution est condamné au précautionnisme, si l'on entend par là un régime de l'action gouverné par une hypertrophie de la peur face à toutes sortes de risques, dont la plupart n'existent que dans notre imagination, et à une surenchère dans les mesures prises pour parer à ces mêmes risques imaginés. Pourquoi cela? Selon Bronner et Géhin :

> Il semble que l'esprit humain soit conformé pour prendre en compte les pertes réelles ou envisagées plutôt que les béné- fices. Ainsi, comme l'ont montré Tversky et Kahneman, les individus ont tendance à prêter davantage attention à une perte qu'à un gain de valeur équivalente (…). Face à l'incertitude c'est clairement la fiction du pire qui domine les débats. Cette caractéristique de l'imagination humaine obère toute considé- ration pour l'intérêt général, et empêche l'expression de la pure rationalité[1].

L'ouvrage de ces deux auteurs est surtout un ouvrage à charge, et il n'échappe pas au reproche de catastrophisme qu'il oppose au principe de précaution (son titre est particulière- ment édifiant à cet égard). Il se termine ainsi :

> Etant donné que cet inquiétant principe de précaution flatte certains des réflexes les moins honorables de notre esprit, on peut bien dire qu'il reflète ce que le plus grand nombre craint et donc croit, mais le plus juste en ce cas serait de considérer qu'il est un principe bassement démocratique. Pour cette raison

---

1. G. Bronner, E. Géhin, *L'inquiétant principe de précaution*, Paris, P.U.F., p. 64 et 71. La référence à Tversky et Kahneman concerne des travaux de référence pour les travaux de psychologie cognitive.

l'élu doit se méfier des rapports qu'il entretient avec ce néopopulisme qu'est le Précautionnisme[1].

Le mal serait au cœur du principe, dans ses gènes en quelque sorte. Le principe de précaution flatterait ce qu'il y a de plus frileux en l'homme, qui ne pourrait éviter de devenir précautionneux, avec toutes les connotations péjoratives attachées à ce terme. Il y aurait là un penchant naturel de l'esprit humain, contre lequel toute société tournée vers le progrès devrait lutter, et que le principe de précaution viendrait au contraire appuyer. Le principe de précaution favoriserait également la réactivation d'une ancienne idéologie anti-prométhéenne[2]. Bref, la risquophobie radicale attachée au principe de précaution ne serait pas seulement conjoncturelle, les racines en seraient plus profondes : il aurait là son talon d'Achille. Que faut-il en penser ?

On ne peut rejeter sans les examiner les analyses qui précèdent, et il est certain que les travaux de psychologie cognitive doivent nous éclairer. Mais pourquoi cela nous conduirait-il à rejeter le principe de précaution ? Car la question principale est moins celle de l'usage qui est en fait que celle de sa nécessité : avons-nous le choix, pourrions-nous nous en passer ? Je vais m'employer à montrer que non. Dans le même temps il apparaîtra que le véritable enjeu se situe au-delà du seul principe de précaution et que nous devons mettre en place une culture et une philosophie de l'action adaptée à notre temps. Nous devons inventer une nouvelle société, et nous n'avons pas de modèle pour le faire.

---

1. *Ibid*, p. 182.
2. *Ibid*, p. 95.

Le principe de précaution est-il catastrophiste ?

Parmi les maux dont on accable le principe de précaution figure celui d'être un « catastrophisme ». Et l'on vient parfois mêler à cette querelle les travaux de J.P. Dupuy[1]. C'est largement un contre-sens. L'école catastrophiste, dont la paternité revient à cet auteur, vient se placer dans le sillage de l'œuvre de H. Jonas, en particulier de son *Principe responsabilité*[2]. Dans cet ouvrage, Jonas explique que le danger auquel nous devons faire face « a son origine dans les dimensions excessives de la civilisation scientifique-technique industrielle. C'est ce que nous pouvons appeler le "programme baconien" »[3]. Jonas nous demande de reconnaître la dynamique « *quasi utopique* » de la technologie[4]. Il s'agit donc que nous nous opposions à la « reconstruction de la planète terre » par la « technologie déchaînée »[5], et que nous reconnaissions « les limites de la tolérance de la nature »[6]. Ce « nouvel agir », qui est le nôtre aujourd'hui, impose que nous adoptions un nouvel impératif : « Agis de façon que les effets de ton action soient compatibles avec la permanence d'une vie authentiquement humaine sur terre »[7]. Et en particulier nous avons la responsabilité de faire que « par-delà son propre

1. J.P. Dupuy, *Le catastrophisme éclairé*, Paris, Seuil, 2002.

2. H. Jonas, *Le Principe responsabilité*, Paris, Le Cerf, 1995. Nous étudierons en deuxième partie de cet ouvrage un passage de ce livre. Le livre de Jonas est une réponse à celui d'E. Bloch, *Le Principe espérance*, paru en 1959.

3. H. Jonas, *Le Principe responsabilité*, p. 191.

4. « Si la technologie, comme pouvoir efficient en soi, ne contenait pas de dynamique *quasi utopique* », *Le Principe responsabilité*, p. 298.

5. H. Jonas, *Le Principe responsabilité*, p. 248.

6. *Ibid*, p. 250.

7. *Ibid*, p. 30.

accomplissement subsiste encore la possibilité d'un agir responsabilité dans l'avenir » [1].

C'est le même souci qui anime J.P. Dupuy, qui veut que nous prenions réellement en compte la possibilité de la catastrophe. Il estime que nous refusons de croire cela même que nous savons, s'il s'agit d'une vérité désagréable, et il estime que le principe de précaution n'y change rien, qu'il est frappé de la même impuissance. Aussi propose-t-il d'adopter une autre méthode, qu'il appelle le « catastrophisme éclairé ». En simplifiant beaucoup, il s'agit d'envisager le pire, de s'obliger à y croire en se plaçant quelque part dans ce futur ravagé et en regardant le présent depuis ce point. Seul cet exercice de l'imagination peut nous donner une motivation pour tenter d'inverser le cours des choses et ne pas pratiquer la politique de l'autruche [2]. Ce que veut Dupuy, c'est une rupture radicale avec les approches ordinaires du risque (calcul des conséquences, ratios coûts/bénéfices), mais aussi avec notre confiance dans la bonté automatique des fruits du progrès. Il veut nous dégriser de nos mortelles utopies (notre indécrottable croyance que tout finira par s'arranger), alors même, souligne-t-il, que nous savons que rien n'est moins sûr :

> La catastrophe a ceci de terrible que non seulement on ne croit pas qu'elle va se produire alors même qu'on a toutes les raisons savoir qu'elle va se produire, mais qu'une fois qu'elle s'est produite elle apparaît comme relevant de l'ordre normal des choses ; cette métaphysique spontanée du temps

1. *Ibid*, p. 165.
2. Il faut bien le noter : contrairement au catastrophisme ordinaire, qui désigne l'attitude de ceux qui croient à l'imminence du drame, le présupposé du catastrophisme éclairé est que nous ne croyons pas que la catastrophe soit possible. La peur dont il s'agit alors est une peur que nous devons nous procurer.

des catastrophes est l'obstacle majeur à la définition d'une prudence adaptée aux temps actuels [1].

Ce que montre Dupuy, c'est qu'il y a aussi des circonstances où notre esprit fonctionne à rebours de ce nous évoquions plus haut : s'il y a des cas où nous nous focalisons sur le pire, même très peu probable, il y a aussi des cas où nous refusons d'envisager le pire, même lorsque sa réalisation est imminente. Dans ces situations nous avons besoin du principe de précaution – et je m'oppose ici à Dupuy : oui, le principe de précaution n'est pas une solution miracle, et les limites qu'il en montre sont réelles ; non, cela ne condamne pas le principe de précaution, cela montre seulement que son bon usage est exigeant, qu'il ne suffit pas de faire appel à lui pour que tout s'arrange par miracle.

Nous ne pouvons renoncer au principe de précaution. Nous devons en effet prendre toute la mesure des différences radicales qui séparent le monde du XXIe siècle de celui qui s'est mis en place à partir du XVIIe siècle, avec les doubles révolutions scientifique puis industrielle, dont le modèle est aujourd'hui en train de se briser. Nous sommes en effet entrés dans un monde fragile complexe et incertain, qui est aussi une « société du risque ». Il s'agit là pour moi d'un point capital. La pire erreur que nous puissions commettre est de vouloir résoudre les problèmes qui se posent dans notre monde aujourd'hui en appliquant les recettes qui ont été appliquées dans le monde d'hier. Mon hypothèse est que nous vivons aujourd'hui une nouvelle révolution, de même importance, et qu'un bon usage du principe de précaution demande d'en avoir mesuré la portée. Cela justifie le détour qui va suivre, où je vais présenter

_____

1. J.P. Dupuy, *Le catastrophisme éclairé*, *op. cit.*, p. 87.

les grandes caractéristiques des monde d'hier (paradoxalement nommé monde moderne, par référence à la rupture introduite par Descartes et Galilée) et d'aujourd'hui. Si, durant ce détour, il sera peu question du principe de précaution, la progression des idées qui s'y fait en dessinera cependant les principaux contours, en négatif.

LE MONDE D'OÙ NOUS VENONS

Le type de rapport que nous entretenons avec la nature, avec tous les dérèglements qu'il a produits, constituant le berceau du principe de précaution, il est bien entendu décisif de comprendre comment celui-ci s'est noué, et pourquoi il est devenu aujourd'hui intenable. Je vais donc commencer par cette présentation.

La nature pour les modernes : un rapport instrumental, une nature prodigue et résiliente

Alors que la nature avait été jusque là éprouvée, ressentie, comme un lieu enchanté, chargé de symboles, un lieu ambivalent aussi (la bonne nature qui nous soigne et guérit, mais aussi la nature maléfique), la nouveauté décisive introduite au début du XVIIe siècle par Galilée et Descartes réside dans la mathématisation et la mécanisation dont elle a fait l'objet. Fontenelle a pu ainsi écrire :

> Phaéton monte parce qu'il est tiré par des cordes, et qu'un poids plus pesant que lui descend. Ainsi on ne croit plus qu'un corps se remue s'il n'est tiré ou poussé par un autre corps, on ne croit plus qu'il monte ou qu'il descende si ce n'est par l'effet d'un

contrepoids ou d'un ressort ; et qui verrait la Nature telle qu'elle est ne verrait que le derrière du théâtre de l'Opéra [1].

C'est donc d'un rapport technicien qu'il s'agit. Selon Habermas la science en est en partie responsable :

> Les sciences expérimentales modernes se déploient depuis l'époque de Galilée dans un système de références méthodologiques qui reflète la perspective transcendantale d'une possibilité de disposer techniquement des choses. C'est pourquoi les sciences modernes engendrent un savoir qui, dans sa forme même, est un savoir techniquement utilisable [2].

Il est intéressant de comparer ici les deux conceptions si différentes de la nature chez les Grecs (chez Aristote par exemple) et chez les modernes. Là où les premiers voyaient un cosmos, une finalité inscrite dans la nature (l'évènement type étant représenté par un corps qui « retourne » vers son lieu naturel), un temps circulaire, une physique des qualités, une nature anthropocentrée et hiérarchisée, les seconds voient un univers infini, un principe de causalité mécanique (l'événement type étant représenté par le choc entre deux particules matérielles, parfaitement dures et en mouvement), un temps linéaire, une physique mathématique, une extériorité de l'homme par rapport à la nature. La nature pouvait nous parler, elle n'a plus rien à nous dire.

C'est un nouvel imaginaire qui a été établi par les modernes. F. Bacon en a été le plus spectaculaire interprète :

---

1. Fontenelle, *Entretiens sur la pluralité des mondes*, cité par J. Ehrard, *L'idée de nature en France à l'aube des Lumières*, Paris, Flammarion, 1970, p. 47.
2. J. Habermas, *La technique et la science comme « idéologie »*, Paris, Gallimard, 1973, p. 34.

il est impressionnant de lire certains extraits de *La nouvelle Atlantide!* A côtés de passages évoquant la production de nouveaux matériaux, la construction de machines pour la navigation sous-marine, il est question d'interventions pour modifier le vivant :

> Il est même (des plantes) que nous modifions, afin de leur donner des propriétés médicales. Nous avons aussi des méthodes pour (en) produire différentes espèces, sans être obligés de les semer ; *et pour les animaux* : Nous parvenons parfois, par les moyens de l'art, à leur donner une taille plus grande et surtout plus haute que celle qu'ils ont ordinairement, et, quelques fois aussi, arrêtant l'accroissement des animaux, nous les réduisons à une taille extrêmement petite et nous en faisons des espèces de nains. Nous rendons les uns plus féconds qu'ils ne le sont naturellement et les autres moins féconds ou même tout à fait stériles. Nous savons produire les variétés les plus singulières dans leur couleur, leur figure, leur tempérament et leur activité [1].

Il faut souligner enfin une dernière étape du rapport moderne à la nature, une étape pratiquement décisive, celle de l'établissement juridique de la propriété, qui allait conférer à l'homme une toute-puissance sur elle. Il faut distinguer ici différentes formes d'appropriation, la possession, caractéristique de l'ancien régime, et la propriété, caractéristique du régime moderne. Car être possesseur n'est pas équivalent à être propriétaire. De fait, la fameuse formule de Descartes, qui enjoint aux hommes de se rendre « maîtres et possesseurs de la nature » demande une interprétation nuancée. Dans la notion

---

1. F. Bacon, *La Nouvelle Atlantide*, Paris, Vrin, 1981, p. 25-26.

de possession, il y a l'idée implicite de bon usage. Selon C. Larrère,

> Se dire « possesseur » de la nature, c'est s'inscrire dans la continuité d'une lecture de la genèse, selon laquelle Dieu, ayant donné en commun à l'humanité la terre et tout ce qu'elle contient, il appartient aux hommes d'en faire « bon usage ». Cette conception du primat de l'usage et de ses règles, dominante dans la chrétienté, et héritière d'Aristote, considère l'homme comme le gérant ou l'intendant, non comme le Seigneur, de la Création. La place centrale qu'il y occupe lui donne sans doute des droits, mais tout autant, sinon plus, des devoirs[1].

La conception de propriété vient rompre avec cette vision : le propriétaire a pleine disposition d'un bien, quand le possesseur n'est que le détenteur temporaire de ce qu'il doit transmettre. Le 4 août 1789, avec l'abolition des privilèges, c'est elle qui triomphe. La propriété devient droit absolu, et cette propriété comprend la libre disposition des biens : usus, fructus, mais aussi abusus, sont accordés au propriétaire, libre donc de détruire le bien qui lui appartient :

> Usus, fructus, abusus. De la trilogie classique le dernier terme retient l'attention. Caractérisant en effet la plénitude des prérogatives conférées au propriétaire sur son bien, il justifie que celui-ci puisse en disposer à sa guise, égorger l'animal, déchiqueter l'arbre, empoisonner l'étang. Peu importe la manière, peu importe la raison ; il a le droit de détruire[2].

---

1. C. Larrère, *Du bon usage de la nature, pour une philosophie de l'environnement*, Paris, Aubier, 1997, p. 59.
2. M. Rèmond-Gouilloud, *Du droit de détruire, essai sur le droit de l'environnement*, Paris, P.U.F., 1989.

Il est certain qu'une culture de précaution doit être en rupture profonde avec cette attitude. Il est un autre point qu'il faut souligner, qui ne constitue pas une rupture introduite par la modernité (elle est en continuité avec la vision traditionnelle), la nature est perçue comme inépuisable et résiliente. Dans le monde moderne, il est possible de prélever sans mesure et de rejeter sans complexe. J.B Say, à la fin du XVIIIᵉ siècle, en tire cette conséquence radicale, dont nous pouvons mesurer aujourd'hui la radicale fausseté :

> Les richesses naturelles sont inépuisables, car sans cela nous ne les obtiendrions pas gratuitement. Ne pouvant être multipliées ni épuisées, elles ne sont pas l'objet des sciences économiques [1].

Les économistes des XIXᵉ et XXᵉ siècles ne remettront pas vraiment en cause ce postulat d'une neutralité de la nature dans son rapport à l'économie. S'ils seront bien amenés à reconnaître la finitude des ressources naturelles, ils postuleront que celle-ci ne constitue pas en soi un problème dans la mesure où la technique peut venir suppléer ce que nous perdons dans la nature : il y a, selon l'expression de Solow et Hartwick, substitution de capital technique au capital naturel [2]. Cette vision de la nature permet de comprendre que notre rapport à elle puisse être caractérisé par l'absence de mesure, ce qui s'est traduit dans nos prélèvements, nos déchets, mais aussi dans notre façon d'envisager l'« aménagement » de cette nature, par

---

1. Cité par R. Passet, *L'économique et le vivant*, Paris, Payot, 1979, p. 41.
2. Voir D. Bourg, *Les scénarios de l'écologie*, Paris, Hachette, 1987, p. 18.

exemple à l'occasion de certains travaux pharaoniques de Génie civil[1].

Un dernier trait enfin caractérise le rapport moderne à la nature, l'éloignement progressif que les hommes ont établi envers elle. Si le rythme de cet éloignement a tout d'abord été lent (même les pays qui ont connu la révolution industrielle au XIXᵉ siècle sont restés très longtemps après des nations «paysannes»), il s'est brutalement accéléré à partir de la deuxième moitié du XXᵉ siècle. Par exemple la population paysanne est passée en France de plus de 80% de la population au XIXᵉ siècle à moins de 4% aujourd'hui. Ce recul spectaculaire a entraîné la perte de l'assise que la société avait dans la nature, et cette évolution a largement contribué à placer la nature bien loin de nos préoccupations.

Si l'on tente un bilan sur ce que signifie l'attitude «être moderne», comme type de rapport à la nature, deux traits principaux la caractérisent. Le premier est ce que j'appellerai une position d'«externalité dominatrice»: l'homme se pense extérieur au monde, supérieur à la nature dont il considère être le maître. Le second est sa volonté de conquête: depuis sa position d'observateur, dominant la nature par sa pensée, l'homme peut partir à l'assaut du monde, qu'il considère comme entièrement à son service, comme sa propriété exclusive.

Le modèle libéral de l'action

L'agir moderne, mis en place au tournant du XVIIᵉ siècle (parallèlement au nouveau rapport établi avec la nature)

---

1. Que l'on songe à certains travaux titanesques, comme ceux des barrages d'Assouan (Egypte) hier, des Trois Gorges (Chine) aujourd'hui.

a triomphé au XIXe et plus encore au XXe siècle, sous la forme de l'action libérale. C'est A. Smith qui en a été le grand théoricien. Ce qui me semble le plus caractéristique de cette vision réside dans ce que l'on pourrait appeler une déliaison de l'action. Smith prône une action divisée[1], individualiste et égoïste (il s'agit de faire reposer tout l'édifice social sur le désir de chacun de ses membres de s'enrichir), avec une législation réduite au minimum :

> L'effort de chaque individu pour améliorer sa condition, quand on laisse à cet effort la faculté de se développer avec liberté et confiance, est un principe si puissant que, seul et sans autre assistance, non seulement il est capable de conduire la société à la prospérité et à l'opulence, mais qu'il peut encore surmonter mille obstacles absurdes dont la sottise des lois humaines vient souvent encombrer sa marche[2].

Cette approche exclut toute coopération volontaire entre des acteurs à la recherche d'un bien commun. C'est la fameuse « main invisible » qui vient coordonner l'ensemble. On est bien loin de l'esprit du compagnonnage qui a pris son essor au Moyen Âge ! La coordination et l'orientation de la société selon Smith ne sont plus du ressort de la politique mais renvoyés aux choix individuels sur le marché. Son message est le suivant : que chacun s'appuie sur son égoïsme et en fasse son unique motivation, il n'est nul besoin de réfléchir au sens de ce que l'on fait, ni de s'intéresser à ce que font les autres. Mais on le voit bien, si le marché et la main invisible ont permis un très

1. Voir le fameux exemple d'A. Smith sur les vingt et une opérations requises pour fabriquer une épingle, *Recherches sur la nature et les causes de la richesse des nations*, 1776, Paris, Garnier-Flammarion, 1991, p. 71-72.
2. A. Smith, « Digression sur le commerce et la législation des grains », Livre IV, chapitre V, même ouvrage.

important développement et enrichissement matériel tout au long des XIXe et XXe siècles, ils échouent aujourd'hui à remplir le rôle qui leur est assigné[1].

En particulier l'action que Smith donne en modèle ne peut qu'ignorer les effets indirects, lointains, cumulatifs : or ces effets sont à l'origine de la plupart des maux que nous connaissons aujourd'hui. Un dernier point enfin : cette conception de l'action a donné un coup fatal à l'idée de bien public (ou bien commun). Comme Marx l'a établi, la conséquence de cette philosophie est que tous les biens, tous les services, ainsi que la force de travail que chaque homme peut offrir, sont appelés à devenir des objets d'échange dans un grand marché qui sape l'idée même d'un rapport au monde qui ne soit pas marchand.

L'utopie scientifique : un avenir prévisible et maîtrisable

Qui mieux que Laplace a traduit cette conviction que l'avenir peut être prévu, et cela parce qu'il est contenu dans le présent ? Laplace croit fermement au terminisme causal comme il l'écrit dans l'*Essai philosophique sur les probabilités* :

> Nous devons donc envisager l'état présent de l'univers comme l'effet de son état antérieur et comme la cause de celui qui va suivre. Une intelligence qui, pour un instant donné, connaîtrait toutes les forces dont la nature est animée, et la situation respective des êtres qui la composent, si d'ailleurs elle

---

1. Il faut souligner également que le succès porte plus sur la production des biens que sur leur juste répartition – ce que Smith avait déjà noté (Voir la très intéressante étude de J.F. Dermange, *Le Dieu du marché, Ethique, économie et théologie dans l'œuvre d'A. Smith*, Genève, Labor et Fides, 2003).

était assez vaste pour soumettre ces données à l'Analyse, embrasserait dans la même formule les mouvements des plus grands corps de l'univers et ceux du plus léger atome : rien ne serait incertain pour elle et l'avenir, comme le passé serait présent à ses yeux [1].

Laplace suppose un démon capable d'observer, en un instant donné, la position et la vitesse de chaque masse constitutive de l'univers et d'en déduire l'évolution universelle, vers le passé comme vers l'avenir. Certes Laplace n'a eu recours à cette fiction que pour mettre en lumière l'étendue de notre ignorance pratique et la nécessité d'une description statistique de certains processus, mais ce qu'établit cette fiction est la possibilité de principe d'une description déterministe du cours des choses, possible à l'horizon d'un progrès des connaissances. Le monde de Laplace est un monde simple et limpide, sans ombre et sans épaisseur. Les limites du savoir sont appelées à reculer et les zones encore dans l'ombre à arriver sous les lumières de la science. A la fin du XIXe siècle on pût même penser que la science allait bientôt en avoir fini avec son grand-œuvre, comme a pu l'annoncer alors Berthelot : « Le monde est désormais sans mystère ; l'univers entier est revendiqué par la science et personne n'ose s'opposer à cette revendication » [2].

Toute une philosophie s'est développée en parallèle, qui culmine dans le positivisme d'A. Comte : « Science d'où prévoyance, prévoyance d'où action » [3]. La grande affaire en

---

1. Laplace, *Essai philosophique sur les probabilités*, Cambridge University Press, 2009.

2. M. Berthelot, *Les Origines de l'alchimie*, 1885, Nabu Press, 2010.

3. A. Comte, *Cours de philosophie positive*, 2e leçon, Paris, Librairie Larousse, 1936, § 2.

effet, ce n'est pas simplement de prévoir l'avenir, mais de le maîtriser – par où d'ailleurs on peut voir que Comte ne nous place pas dans le cadre d'un déterminisme métaphysique, pour lequel l'homme ne peut rien changer à l'avenir, mais dans le cadre du déterminisme scientifique, pour lequel s'il existe des lois de causalité absolues, il n'y a pas lieu à vouloir les étendre à la liberté humaine. Et cette philosophie elle-même permet de soutenir une vision de la société dans laquelle l'industrie occupe la place centrale, une thèse largement soutenue par Saint-Simon. Ce dernier défend une vision de la société dans laquelle toutes les forces vives sont associées pour soutenir l'industrie. En plus de l'union souhaitée de tous les producteurs, il faudra faire concourir les savants, théologiens, artistes, légistes, rentiers les plus capables pour organiser le nouveau système social.

De l'Idée du progrès à l'idéologie du progrès

L'idée de Progrès a accompagné et soutenu la révolution de l'âge moderne. Pour que cette idée prenne forme, il a fallu la conjonction d'un formidable essor des techniques (telles qu'on peut les voir illustrées dans l'Encyclopédie) et d'une transformation des esprits. Cet essor des techniques a permis de soutenir le progrès comme Idée, lequel lui a rendu la force de sa propre dynamique.

Le progrès apparaît tout d'abord comme une promesse de soulager les hommes de leurs maux et de leurs peines, réalisant le programme annoncé par Descartes :

> Il est possible de parvenir à des connaissances qui soient fort utiles à la vie, et (qu') au lieu de cette philosophie spéculative qu'on enseigne dans les écoles, on en peut trouver une pratique (…) Ce qui n'est pas seulement à désirer pour l'invention d'une

infinité d'artifices qui feraient qu'on jouirait sans aucune peine des fruits de la terre et de toutes les commodités qui s'y trouvent, mais principalement aussi pour la conservation de la santé, laquelle est sans doute le premier bien et le fondement de tous les autres biens de cette vie [1].

Mais l'idée de Progrès c'est tout autant l'idée d'une maturation de l'esprit humain qui accède à son autonomie. Kant y voit l'avènement des Lumières :

Les Lumières c'est la sortie de l'homme hors de l'état de tutelle dont il est lui-même responsable (…) Sapere aude ! Aie le courage de te servir de ton propre entendement ! Tel est la devise des Lumières [2].

On notera que le rationalisme des Lumières n'exclut en aucun cas la sensibilité. Raison et sentiment, dialoguent au sein même de la philosophie et de la littérature des Lumières. Mais progressivement cette idée du progrès s'est transformée en une idéologie, formant un système de pensée global et exclusif, bannissant le sentiment au profit de la seule approche rationnelle, positive et scientifique. Cette vision du progrès a bien des traits d'une idéologie ; on peut le voir chez A. Comte qui évoque « *le* Progrès », c'est-à-dire la progression de l'esprit, depuis l'état théologique à l'état positif, une progression qui doit conduire à la maîtrise rationnelle des relations sociales par une nouvelle science, la sociologie. On le trouve également chez E. Renan, lorsqu'il couple le progrès de la société et celui de la science : « Je veux dire comment la

---

1. Descartes, *Discours de la méthode*, 6e partie, Paris, Vrin, 2005, p. 126-127.
2. Kant, *Qu'est-ce que les Lumières ?* Paris, Garnier Flammarion, 1991, p. 43.

science est une religion, sacrée au même titre qu'elle, puisque seule elle peut résoudre à l'homme le grand problème des choses », écrit Renan, pour qui « la science renferme l'avenir de l'humanité » ce pourquoi « il s'agit d'organiser scientifiquement l'humanité »[1]. Comment mieux illustrer cette idéologie qu'avec cette citation de Flaubert, qui fait dire à Homais : « Tous les problèmes de l'humanité vont bientôt être résolus, car nous vivons à l'heure de la science » (Homais, le pharmacien de *Madame Bovary*). Cette croyance aveugle a fait naître une grande exaltation :

> Il a suffi de trente années pour que la science parvînt à découvrir la nature et l'origine de toutes les grandes endémies qui semblaient arrêter la civilisation au seuil des pays tropicaux. Tous les problèmes sont posés, toutes les solutions sont entrevues. Les gouverneurs de nos colonies pensent en homme de science et agissent en administrateur pour appliquer les doctrines qu'a vues naître le siècle de Pasteur. Notre Corps de santé coloniale poursuit partout son œuvre admirable[2].

Un rétrécissement de l'idée de raison a accompagné cette transformation de l'idée de progrès en idéologie. Le propre d'une idéologie étant de considérer que la question des fins est réglée, toute l'attention s'est en effet trouvée attachée à la seule question des moyens, et la raison logiquement ramenée à sa seule composante instrumentale. On a ainsi renoncé à s'interroger sur les valeurs, le progrès étant devenu la seule valeur, destinée à remplacer toutes les autres. Le tout de la

---

1. D. Lecourt, article « Progrès » du *Dictionnaire d'histoire et de philosophie des sciences*, Paris, P.U.F., 1999.
2. Naltan-Larrier en 1915, cité par B. Latour, *Pasteur : guerre et paix des microbes*, Paris, La Découverte, 2001.

raison s'est ainsi trouvé confondu avec ce qui n'en constitue pourtant qu'une partie, la raison scientifique, calculatoire, instrumentale. On comprend mieux alors cette conviction propre à l'Idéologie du progrès : seule la science émancipe.

LE MONDE OÙ NOUS SOMMES :
SOUS LE SIGNE DE LA CRISE, UN MODÈLE ÉPUISÉ

La grande découverte qui est venue fracturer l'ancienne vision du monde est la découverte de ses limites. Notre monde est fini, les réserves de la nature ne sont pas inépuisables. Nous ne pouvons plus tenir pour négligeables les effets indirects et lointains de nos actions. Or ces effets sont pour nous invisibles. Notre monde se révèle également beaucoup plus complexe que ce que l'on imaginait, en particulier à la fin du XIXᵉ siècle, et il ne cesse de se complexifier. Ainsi se peuple-t-il de ce que l'on appelle des objets hybrides[1] : nous assistons à la fin des grands partages, entre nature et technique, nature et culture, nature et société.

Le rapport moderne à la nature :
nous sommes dans une impasse

Il faut souligner tout d'abord que la pression que nous exerçons sur la nature est devenue insupportable. Le mode de développement actuel nous conduit dans une impasse. Nous nous heurtons à la finitude du monde, en particulier celle de la nature qui se voit fragilisée dans l'équilibre de ses grands

---

1. Expression de B. Latour (*Nous n'avons jamais été modernes*, *Essai d'anthropologie symétrique*, ˝Paris, La Découverte, 1991). Un objet hybride, c'est un objet qui n'est ni purement naturel, ni purement technique, mais qui porte la marque des deux, indissolublement liés.

cycles (dont celui du carbone, si important pour les caractéristiques du climat) et qui se révèle de moins en moins capable
de retraiter nos déchets. L'exploitation des ressources naturelles se fait à un coût écologique de plus en plus élevé (comme le
montre la catastrophe provoquée par l'accident survenu sur la
plate-forme pétrolière de BP au large de la Louisiane), mais
plus encore c'est la pérennité des ressources qui est menacée
(au rythme d'exploitation où nous sommes, la plupart d'entre
elles seront épuisées en quelques dizaines d'années). Quant à
l'agriculture elle est très majoritairement devenue industrielle,
avec une surexploitation qui ne cesse d'appauvrir les sols qui
réclament chaque année les intrants nécessaires pour assurer
une récolte : la campagne est devenue une usine. Notre empreinte écologique globale[1] est devenue supérieure à une
planète, il faudrait plus de six planètes si le monde se mettait
au *way of life* qui a cours aux Etats-Unis, et cela alors que la
population mondiale devrait continuer à croître pendant
plusieurs décennies encore.

Nous évoquions l'éloignement de la société et de la
nature, aujourd'hui le divorce paraît consommé. La nature est
devenue si éloignée de nos vies quotidiennes (effet de l'urba-
nisation, recul drastique de la paysannerie) que pour beaucoup
de nos contemporains elle est devenue une langue étrangère.
Elle ne nous instruit plus, n'enrichit plus nos sentiments. Un
geste emblématique de ce rapport perdu à la nature : une
personne qui jette son mégot dans un bac à fleur disposé dans
l'espace public. Nous sommes arrivés à un état de pauvreté

---

1. L'empreinte écologique mesure la pression que l'homme exerce sur la
nature. Elle est égale à 1 quand la nature parvient à répondre aux sollicitations
humaines en mobilisant tout son potentiel – le capital naturel reste inchangé.
Elle est aujourd'hui supérieure à 1, ce qui signifie que la nature commence à
s'épuiser, le capital naturel recule.

extrême dans les relations que nous entretenons avec elle. Cet état est le résultat d'une double perte : d'une perte cognitive, mais aussi d'une perte sensible et sentimentale. Car la nature, ce n'est pas seulement une ressource qu'il faut exploiter ou un adversaire qu'il faut combattre. La nature, c'est aussi, et cela depuis des temps immémoriaux, l'occasion pour les hommes d'éprouver des sentiments qui comptent parmi les plus riches et les plus puissants. L'étude des différentes spiritualités et des différentes cultures en montre d'ailleurs toute la richesse.

Le modèle libéral de l'action en échec

Il apparaît avec la plus grande netteté aujourd'hui que la gestion du bien commun est le principal point d'échouage de l'économie libérale. C'est à travers les grandes menaces qui pèsent sur la nature que nous redécouvrons la vieille catégorie oubliée de « bien commun ». Cette notion avait occupé une grande place durant le Moyen Âge. Saint Thomas par exemple en a fait une des trois grandes catégories de bien, à côté du bien divin et des biens individuels. Une approche étymologique en éclaire le sens : le mot « commun » vient du latin *communis*, qui signifie « ce qui appartient à plusieurs » ; et *communis* est formé des mots *cum* (avec) et *munis* (qui accomplit sa charge)[1]. Ainsi, le bien commun n'est pas seulement quelque chose à redistribuer, à partager, mais aussi quelque chose qui comporte des charges, des devoirs[2]. Selon S. Michel,

---

1. Pour ce qui suit, voir le texte publié par T. Paquot à la suite d'une conférence qu'il a donnée à Louvain le 24 mai 2001, texte intitulé « L'urbanisme comme bien commun », publié par la revue *Esprit* en octobre 2002.

2. On notera que la notion de bien commun ne recouvre pas seulement des biens de la nature. Il faut y joindre aussi des biens apportés par la société : secours, soins, éducation, culture, etc.

> Le Bien commun, c'est ce qui appartient à tous, en bloc, mais qui appartient aussi à chacun en particulier, en tant que membre de la communauté : comme la santé, qui est le bien du corps, est le bien de chacun des organes[1].

Comment préserver le bien commun face aux menaces qui pèsent aujourd'hui sur lui ? Une réponse très intéressante pour mon propos a été donnée par les théoriciens de « l'écologie de marché », et est illustrée par la « tragédie des communaux »[2]. Les communaux, ce sont ces propriétés de la commune (bois, paturages) dont chacun peut profiter gratuitement. Or cela conduit à leur destruction, par surexploitation, et il vaudrait mieux les partager et les redistribuer pour en faire des biens privés, dont chacun aurait intérêt à prendre soin pour en assurer la pérennité. En suivant cette logique, la meilleure façon d'assurer la survie des rhinocéros et des éléphants serait de les « privatiser » en affectant à chacun un propriétaire ! Certes, cela fonctionne en théorie, et on peut imaginer sauver une partie de ce qui est compris dans le « bien commun » en le remettant à des propriétaires privés. Mais l'air ? Mais le climat ? On voit bien ici que le raisonnement achoppe, et qu'il faut bien, pour les biens communs majeurs, chercher une autre solution ! Nous touchons ici aux limites de ce que peuvent produire la raison instrumentale et une approche fondée sur le seul l'égoïsme.

Et c'est bien là que nous voyons les limites du modèle libéral de l'action. La forme de rationalité qui y triomphe demande, dans ce genre de situation où il faut protéger ou

---

1. S. Michel, *La notion thomiste du bien commun, quelques-unes de ses applications juridiques*, Paris, Vrin, 1932.
2. Pour une discussion approfondie de l'analyse qui suit, voir F. Ost, *La nature hors la loi, l'écologie à l'épreuve du droit*, La Découverte, Paris, 2003. Voir en particulier les pages sur l'« écologie de marché », p. 134 à 144.

promouvoir un bien commun, que nous fassions défection. En effet, selon la logique qui gouverne ce modèle, le bénéfice de celui qui s'engage à agir pour défendre ou promouvoir le bien commun sera quasiment nul (son action personnelle n'aura, par exemple, qu'une incidence minuscule sur la qualité de l'air qui résulte de millions d'actions individuelles) alors que cela peut personnellement lui coûter cher. Bref, les protagonistes se trouvent engagés dans ce qu'en théorie des jeux on appelle une stratégie perdant-perdant (il n'y a pas de raison en effet que les autres agissent autrement) : personne ne s'engage dans l'action pourtant nécessaire.

La science a perdu son piédestal

Un autre point très caractéristique est l'évolution de la science, qui apparaît aujourd'hui moins assurée d'elle-même : c'est que l'incertitude s'est invitée à table. La rupture avec le déterminisme laplacien a été consommée à l'occasion de la mise en évidence d'une incertitude irréductible au cœur même de la science, lorsque Heisenberg a énoncé ses fameuses » relations d'incertitude ». Ces relations montrent que nous ne pouvons pas connaître la position et la vitesse d'une particule, et cela sans que soit mise en cause la précision de nos appareils d'observation : l'impossibilité est inscrite dans le processus même de l'observation. C'en est donc fini de l'espoir de pouvoir connaître l'état initial d'un système et ainsi de pouvoir prévoir son évolution avec une précision « infinie » : notre connaissance est bornée.

Parallèlement à cette prise de conscience de la finitude de nos connaissances la complexité est apparue comme un nouveau paradigme de compréhension de la structure du monde. «Complexe», le mot est apparu au XVIIIe pour désigner un ensemble ou un phénomène contenant et unissant des éléments de nature différente : il est lié à l'idée d'hétérogénéité (la chimie inventa ses «complexes», et les mathématiques ses «nombres complexes»). Comme Bachelard l'a bien montré, avec le complexe on assiste à une inversion de ce que l'on pensait jusque là être un principe universel d'explication de la réalité : ce qui apparaît complexe ne serait qu'une illusion que l'on pourrait dissiper en le ramenant à un composé d'éléments simples. C'est tout le contraire en vérité : en cherchant à la racine du simple, c'est le complexe qui se découvre.

Il faut souligner cette distinction essentielle entre deux états qui extérieurement peuvent se ressembler, le complexe et le compliqué. Un système qui contient beaucoup d'éléments peut-être compliqué sans être forcément complexe : il suffit pour cela qu'on puisse le décomposer en éléments simples. Cette décomposition est par contre impossible pour un système complexe. On peut prévoir l'évolution d'un système compliqué par un algorithme, ce qui est impossible pour un système complexe, dont toute une part de l'évolution reste imprévisible : la sensibilité aux conditions initiales, l'apparition de phénomènes de turbulences sont autant d'obstacles sur la voie d'un déterminisme intégral. La rupture avec le déterminisme laplacien se trouve alors consommée, ce qu'Henri Poincaré a annoncé dés le début du XXᵉ siècle :

> Il peut arriver que de petites différences dans les conditions initiales en engendrent de très grandes dans les phénomènes finaux. Une petite erreur sur les premières produirait une erreur énorme sur les dernières. La prédiction devient impossible et nous avons le phénomène fortuit [1].

---

1. H. Poincaré, *Science et méthode*, 1908, Paris, Kimé, 1998-1999, cahier spécial 3.

Ce qui se découvre alors c'est une nouvelle image du monde dans laquelle l'instabilité devient la règle, et l'ordre l'exception : « Toute organisation, *écrivent Prigogine et Stengers*, est le produit des circonstances et à la merci des circonstances »[1].

Aussi avons-nous besoin d'une nouvelle logique, d'une logique de l'aléatoire et de l'incertain, pour penser les systèmes ouverts et complexes. Les sciences de la nature par exemple sont appelées à se libérer d'une conception réductrice, qui croit devoir nier dans ses principes la nouveauté et la diversité au nom d'une loi universelle immuable. Elles sont appelées au dialogue avec une nature qui ne peut être dominée d'un coup d'œil théorique, mais seulement explorée, dialogue avec un monde ouvert auquel nous appartenons, à la construction duquel nous participons.

Ce panorama serait incomplet si nous omettions de souligner la modification de l'image de la science, son image pasteurienne héritée du XIXe siècle (la science tout uniment au service du bonheur des hommes[2]) devenant de plus en plus ambigüe à mesure que l'on s'avançait dans le XXe. Les gaz de combat durant la première guerre mondiale, puis Hiroshima à l'issue de la seconde, en ont donné un tout autre visage. L'usage de l'énergie nucléaire dans sa version civile n'a pas arrangé les choses : l'explosion de la centrale de Tchernobyl et tout récemment le désastre de Fukishima constituent des traumatismes puissants. Dans le domaine des biotechnologies, les alarmes n'ont pas manqué non plus : la perspective du clonage à des fins reproductives, celle de la gestation possible

---

1. I. Prigogine, I. Stengers, *La nouvelle alliance*, Paris, Gallimard, 1986, p. 392.

2. Pasteur est classé aujourd'hui comme étant l'homme le plus populaire du XIXe siècle.

dans des utérus artificiels ont aussi contribué à ébranler l'image de la « bonne science ». La science a donné l'impression de rechercher la puissance à tout prix, et elle s'est trouvée associée pour son plus grand discrédit aux figures de Faust et Frankenstein. Mais tout cela n'empêche pas que dans le même temps elle continue à être admirée, et que nous attendions sans cesse plus d'elle. Nous vivons dans une grande ambivalence : nous l'avons descendue son piédestal et aimerions bien pouvoir la y réinstaller. La science a pris aujourd'hui le visage de Janus.

Des bouleversements sociologiques

Pour compléter la description du passage du monde de la modernité triomphante à celui de crise dans lequel nous vivons aujourd'hui il reste à souligner la profonde mutation qui a touché la société. Le point le plus remarquable en est l'irrésistible montée de l'économie, entamée dés le XIXe siècle, et qui a connu une accélération depuis la fin de la seconde guerre mondiale jusqu'aujourd'hui, avec en particulier la mondialisation, et son extension à tous les domaines de la vie. L'économie est apparue de moins en moins comme un facteur parmi d'autres dans l'ensemble de ceux qui influent la marche des sociétés, mais comme le facteur ultra-dominant. Pierre Manent, souligne cette véritable « phagocytation » de la société par l'Economie :

> Dés lors on ne peut dire proprement que l'économie se dégage dans, ou de, la société, c'est la société, ou le corps politique même qui devient système économique. (….) On ne travaille plus que pour travailler, c'est-à-dire pour réaliser les idées utiles toujours nouvelles qu'enfante l'imagination et, ainsi, l'inciter à en concevoir d'autres toujours nouvelles. Le travail

n'y parvient jamais au repos[1], et dans la nouvelle société, le seul grand objet qui reste à l'imagination, c'est le système harmonieux de la production et de la consommation, le système de la liberté commerciale gouverné par la main invisible du marché. L'homme est devenu homo oeconomicus[2].

Cette montée de l'économie est de plus en plus souvent ressentie comme celle d'une force autonome face à laquelle la volonté humaine est impuissante. Tant que l'on peut en engranger les profits sans en payer trop cher le coût, cette situation reste supportable. Mais elle est au fond déséquilibrée, et ne peut se maintenir sans crise. La société peut et doit se redéfinir sur des bases plus saines, et rendre en particulier à la politique la place qui lui revient. Peut-on vraiment accepter sans révolte que les maîtres de l'économie soient devenus les maîtres du monde ? On voit ici la nécessité de mettre en place des contre-pouvoirs : à cet égard, le principe de précaution se révèle également nécessaire.

La perte de confiance dans les responsables

Dans cet environnement pour le moins chahuté, pouvons-nous au moins nous appuyer sur des personnes responsables qui prendraient sur elles le poids des incertitudes, et sur qui nous pourrions nous reposer ? Les prétendants ne manquent pas, mais ils ne convainquent guère. Nous vivons une véritable crise de confiance, qui touche tous les responsables, scientifiques, politiques et économiques. On peut attribuer cette perte de confiance à deux causes principales. Il y a tout d'abord eu un échec collectif à tenir les promesses annoncées. Parmi ces promesses figurait la maîtrise des risques : les

---

1. P. Manent, *La Cité de l'homme*, Paris, Fayard, 1994, p. 156.
2. *Ibid*, p. 148.

progrès de la science et de la technique devaient favoriser une politique de prévention qui permette de les contenir. Mais si certains risques ont effectivement reculé, on a pu observer parallèlement l'apparition de nouveaux risques. On peut y voir ensuite l'effet des crises passées : la crise du sang contaminé, celle liée à l'affaire de la vache folle, en particulier, ont beaucoup marqué les esprits. Il faut évoquer aussi la multiplication des situations de conflits d'intérêt, qui ébranlent encore un peu plus une confiance déjà très affaiblie. L'affaire des laboratoires Servier et du Médiator (2010) est très emblématique : elle survient en effet après toutes les réformes prises pour empêcher justement ces situations de se produire, et s'y trouvent impliquées les nouvelles agences qui se voulaient elles-mêmes exemplaires. Tout cela finit par jeter un très fort discrédit sur la qualité morale des gens qui nous dirigent, dont beaucoup sont perçus comme étant conduits par l'appât du gain plus que par des valeurs.

Cette perte de confiance touche donc les responsables scientifiques, avec en particulier une crise de l'expertise, les responsables économiques, avec la prise de pouvoir des financiers, les responsables politiques, avec le renoncement de beaucoup d'entre eux à peser vraiment sur l'évolution du cours des choses, qu'ils se contentent d'accompagner comme ils peuvent – quand ils parviennent à rester indépendants face à l'action efficace des lobbyistes. Si cette perte de confiance dans les responsables est en partie conjoncturelle (dans la mesure où elle est liée à une défaillance des personnes, on peut espérer un ressaisissement moral), elle est aussi très largement structurelle et de ce point de vue difficilement surmontable (car elle est liée à la complexité de notre monde qui en rend la maîtrise de plus en plus problématique). Dans ce contexte le principe de précaution apparaît comme une aide précieuse pour établir une forme plus saine de gouvernance.

La fin de l'idéologie du progrès et la société du risque

La société du risque, nous allons le voir, n'est rien d'autre que l'autre face de l'idéologie du progrès, son double. Elle correspond au passage de la confiance aveugle à la défiance extrême. C'est toute la croyance dans la marche irrésistible du progrès qui est en train de vaciller après ce si contrasté XXᵉ siècle. Selon M. Lacroix :

> A la racine de cette notion, il y avait le postulat d'une transformation dialectique du mal en bien (…) Cette dialectique n'opère plus. Nous avons cessé de croire que le mal pouvait se métamorphoser en bien. La crise actuelle de la notion de progrès résulte en partie de la panne de ce mécanisme dialectique (…) La conception optimiste qui prévalait jadis a cédé la place à un pessimisme qui redistribue spectaculairement les rôles entre le bien et le mal. Tout se passe comme si la dialectique jouait désormais en sens inverse… Elle ne transforme non plus le mal en bien comme dans la philosophie du progrès, mais le bien en mal [1].

Echapper à l'idéologie (ou à la mythologie) du progrès, voilà qui nous oblige à agir, à renouer avec l'action véritable. Et, de fait, ce n'est pas avec toute idée du progrès qu'il faut rompre ; je pense même que, d'une certaine manière, c'est avec une forme d'idéal des Lumières renouvelé qu'il nous faut renouer. La précaution est une des faces de cet objectif ambitieux et nécessaire. Mais avant de réfléchir aux formes que devra prendre cette restauration il faut insister, tant cela pèse sur les choix que nous devons effectuer aujourd'hui, sur

---

1. M. Lacroix, « L'idée de progrès et la dialectique du mal et du bien », *Peut-on encore croire au progrès ?*, D. Bourg, J.M. Besnier, Paris, P.U.F., 2000.

cette dimension de notre crise qui nous conduit à concevoir notre société comme une société du risque [1].

L'approche du risque qui a prévalu depuis la fin du XIXᵉ, lorsque s'est mise en place la politique de prévention dans le monde de l'entreprise, n'est plus adaptée aujourd'hui. Elle apparaît trop mathématique, trop liée aussi à une approche assurantielle, et elle ne permet pas d'éclairer ce qui est en jeu dans l'opinion publique. Toute une réflexion a été développée sur la perception des risques [2], qui a permis de définir une nouvelle approche : la théorie sociale du risque [3]. Selon l'ancienne approche, un risque se caractérise par des caractéristiques objectives. On peut le définir comme étant le produit de la gravité d'un danger par sa probabilité d'occurrence, et on obtient ce résultat que le risque des piqures de guêpe – petit danger mais forte probabilité – est égal à celui des centrales nucléaires – très fort danger mais faible probabilité. La théorie sociale du risque dit tout autre chose. Elle nous demande de tenir compte également de traits subjectifs : le risque est-il connu ou inconnu, visible ou invisible, a-t-il ou non un potentiel apocalyptique, apparaît-il juste ou injuste, peut-on a priori avoir ou non confiance dans les personnes qui sont en charge de ce risque ? Cette évaluation est certes moins quantifiable, mais elle est beaucoup plus proche de la réalité vécue par les hommes : nous redoutons plus les centrales nucléaires que les guêpes.

---

1. Cette formule « Société du risque » a été forgée par U. Beck, qui a publié un ouvrage qui porte justement ce nom : *La société du risque*, Paris, Aubier, 1986.

2. Voir l'article de P. Slovic, « Perception of Risk », *Science*, 236, 1987, p. 280-285.

3. Voir S. Krimsky, D. Gollding (éd.), *Social Theories of Risk*, Wesport, Praeger Publishers, 1992.

Le risque, l'incertitude : bien entendu ce ne sont pas là des choses nouvelles, et Aristote déjà en avait fait un élément central de toute sa philosophie. Mais ce que l'on observe aujourd'hui, c'est une radicalisation. Prenons l'incertitude : nous avons le sentiment qu'elle a tout envahi. C'est comme si nous étions passés de l'incertitude dans le monde au monde incertain, comme si l'incertitude n'était plus contenue à l'intérieur d'un cadre, mais comme si le cadre lui-même était devenu incertain. On peut illustrer ceci avec l'interrogation sur le climat. La question : fera-t-il froid cet hiver ? s'est transformée en cette autre question : y aura-t-il encore des hivers ? Les grandes questions auxquelles nous avons à répondre aujourd'hui engagent le futur sur une période qui excède largement l'horizon de la génération qui les porte. La complexité des systèmes naturels et sociaux, le caractère imprédictible des inventions futures, le caractère insondable de l'homme, dont il est bien présomptueux de vouloir anticiper les choix et les réactions à venir, tout cela ajoute encore à l'incertitude et contribue à en faire la marque la plus significative des sociétés contemporaines. Si l'on ajoute la révélation de la fragilité du monde, on en arrive à dessiner un contexte de « monde fragile, complexe et incertain », bien propre à nous faire basculer de l'idéologie du progrès vers ce que l'on appelle donc aujourd'hui les sociétés du risque. Mais peut-on se contenter de porter un diagnostic : notre monde est en crise, et attendre sans rien faire ? Il m'apparaît plutôt que nous devrions nous rappeler que l'étymologie chinoise du mot crise contient les deux sens de danger et d'opportunité. C'est ici qu'apparaît l'intérêt du principe de précaution, qui est en effet un outil permettant de réconcilier la société, l'incertitude et le risque, mais aussi la société avec elle-même. Le principe de précaution constitue une réelle opportunité pour sortir notre monde de la crise dans laquelle il est enfoncé.

PRINCIPE DE PRÉCAUTION ET PRÉCAUTION

Première étape :
renouer avec la prudence aristotélicienne

Le panorama qui précède, la représentation d'un monde fragile complexe et incertain, justifie que nous renouions avec une attitude de prudence. L'idéologie du progrès a en effet eu raison de l'ancienne prudence, la conviction s'étant installée que nous pouvions accorder notre confiance à toutes les formes d'innovation (innovations techniques mais aussi sociales) et accepter les éventuels préjudices qui en marqueraient les premières applications, pour autant que nous étions persuadés qu'il n'en ressortirait finalement que des avantages[1].

Aristote a beaucoup réfléchi sur la notion de prudence, la *phronésis* (j'y reviendrai plus longuement dans le cadre de l'étude proposée en deuxième partie de cet ouvrage), et en a fait le pivot de sa philosophie de l'action ainsi que de sa philosophie morale. Cette réflexion sur la prudence fait ressortir quelques idées fortes dont on perçoit bien la résonnance avec nos préoccupations contemporaines. C'est avec Aristote qu'apparaît la conception moderne du hasard, qui n'est plus perçu comme la marque du destin, mais comme un accident, dont la cause est indéterminée. Cette indétermination ouvre la porte à l'action raisonnable de l'homme, capable de et appelé à transformer un monde conçu comme monde inachevé. Par ailleurs, et contre Platon, Aristote souligne que l'action des hommes ne peut s'appuyer sur un savoir certain, sur une science. Il n'y a de lois absolues que pour le monde « supra-

---

1. Sur l'histoire de la prudence voir G. Delannoi, *Eloge de la prudence, essai, histoire, théorie*, Paris, Berg international, 1993.

lunaire », notre monde « ici-bas » est soumis à la contingence qui vient en limiter la connaissance, la prévision et la maîtrise. L'homme d'Aristote n'est pas l'exécuteur d'une loi transcendante, mais il est l'être de la médiation et du détour, qui doit ruser avec la contingence. L'homme est aussi l'être qui doit délibérer avant d'agir, et sa qualité essentielle est d'avoir un bon jugement. Ce jugement, fruit de l'expérience, nécessite à la fois la capacité d'avoir des vues d'ensemble et celle de saisir la singularité de chaque situation, il est toute autre chose que l'application mécanique d'un calcul. Il est rendu possible par un savoir certes, mais un savoir vécu plus qu'appris. Il est aussi un art de la maîtrise du temps : le bon jugement n'est pas précipité, mais il n'est pas non plus toujours différé, il est capacité de saisir le moment opportun, que les grecs nomment *kairos* [1].

Ce qui domine chez Aristote, c'est le sentiment très fort de la contingence attachée à tout ce qui existe dans notre monde « ici-bas » : pour l'homme rien n'est certain, rien n'est assuré. C'est là une sorte de ligne d'horizon métaphysique, et c'est sous cet horizon que nous devons conduire notre action. C'est probablement cela que nous avions eu tendance à oublier, fascinés que nous étions par le triomphe de la science et de la technique, tout au long de ces deux derniers siècles. Et c'est en nous rappelant cela qu'Aristote nous apporte le plus dans notre recherche d'un nouvel « esprit de précaution ». Une question se pose bien sûr alors : pourquoi ne suffirait-il pas de réactiver le thème aristotélicien de la prudence ? Pourquoi nommer le nouveau principe, principe de précaution et non principe de prudence ?

---

1. Sur la prudence aristotélicienne voir P. Aubenque, *La prudence chez Aristote*, Paris, P.U.F., 1993.

Deuxième étape : au-delà de la prudence, la précaution

Si un retour à Aristote est tellement important et salutaire, il ne suffit pourtant pas à prendre en charge tous les défis du monde contemporain. Dans un monde devenu fragile complexe et incertain, la prudence, qui est avant tout « souci pour soi », doit être complétée par un « souci pour le monde », que je propose de nommer précaution. Par ailleurs le seul renvoi, si fréquent chez Aristote, à l'homme prudent supposé avoir la clé de l'action sage[1], ne peut plus suffire, et nous devons explorer les voies d'une prudence plus collective : c'est là aussi un enjeu de la précaution, qui justifie également d'aller au-delà d'Aristote. Mais précisons d'abord ce qui précède.

Pour ce qui est de l'incertitude, celle à laquelle pense Aristote est avant tout celle que je situais plus haut comme étant cantonnée à l'intérieur d'un cadre lui-même stable (relativement) : nous avons vu à quel point elle s'est radicalisée. Quant aux risques ce sont tout d'abord chez Aristote des risques qui concernent une personne : « Dans l'opinion commune, écrit-il, la prudence est surtout prise sous la forme où elle ne concerne que la personne privée, c'est-à-dire un individu ». La prudence doit être aussi appliquée à la famille et à la cité : « des autres espèces (de prudence), l'une est appelée économie domestique, une autre législation, une autre

---

1. Aristote, *Ethique à Nicomaque*, II, 6, 1106 b 36-38, et VI, 5, 1140 a 23-26, trad. J. Tricot, Paris, Vrin, 1994. Au moment de définir la prudence, Aristote se tourne vers l'homme prudent. Ce qui est prudent, c'est ce que choisit de faire l'homme prudent dans la situation concernée. La prudence ne précède pas l'homme prudent, tout au contraire, c'est l'homme prudent qui n'a de cesse d'inventer la prudence au fur et à mesure des situations.

enfin politique » [1]. Les nouveaux risques que nous connaissons aujourd'hui débordent de ce cadre, qui reste centré sur le soi et sur le proche. Le risque climatique, par exemple, est d'une nature bien différente. Il faut souligner sa gravité, sa portée, la complexité des facteurs en jeu, mais surtout cette autre différence, essentielle : il s'agit d'un risque qui ne *nous* concerne pas directement – mais qui concerne l'avenir de la terre, et les générations futures. Quant à l'« homme prudent » – la personne sage, expérimentée, qui sait la finitude, qui connaît la faiblesse de la volonté et de l'entendement des hommes, les surprises que réserve le temps dans le devenir de toute situation – il ne suffit plus à remplir le rôle de personne référente. Il y a trop de paramètres, trop d'incertitudes, trop de connaissances, trop d'implications pour qu'un seul homme puisse faire l'affaire. Les situations auxquelles nous sommes exposés dans notre monde fragile complexe et incertain demandent une réflexion conduite à un niveau collectif, au niveau de groupes, de comités interdisciplinaires, dans lesquels interviennent des scientifiques, des juristes, des responsables politiques, des représentants de la « société civile », etc.

Voilà, selon moi, la distinction essentielle entre la prudence et la précaution : la prudence reste (même étendue à la « cité ») foncièrement « égocentrée » ; la précaution, elle, est centrée « sur le monde », le monde signifiant ici la terre et l'humanité, comprises non dans leur seul présent, mais avec leur extension dans le temps – prenant en compte les générations futures. Si l'on considère l'injonction : « fais attention ! », elle peut renvoyer à deux situations différentes. Pour

1. Aristote, *Ethique à Nicomaque*, VI, 8, 1141 b 29-33.

les illustrer, on pourrait compléter la première de la façon suivante : « fais attention, une voiture ! », et la deuxième « fais attention, une fleur ! ». Dans le premier cas il y a adjonction d'une forme passive (être écrasé) et l'« objet » à protéger est la personne à qui s'adresse l'injonction ; nous sommes dans une situation de prudence. Dans le second cas il y a adjonction d'une forme active (écraser), et l'objet à protéger est un objet « sous la garde » de la personne ; nous sommes dans une situation de précaution. Il est vrai cette distinction sémantique des mots « prudence » et « précaution » n'est pas parfaite : agir avec prudence n'exclut pas que l'on agisse avec le souci de l'« autre que soi », de même agir avec précaution n'exclut pas que l'on agisse en cherchant à se protéger soi-même (« prendre ses précautions »)[1]. Mais les connotations les plus usuelles justifient selon moi que l'on puisse spécialiser l'usage que l'on en fait. Je propose aussi de fonder la distinction entre prudence et précaution à partir de ce critère simple : pour la prudence, le souci principal est « pour soi et pour ses proches » (une « extension de soi », qui peut s'étendre jusqu'à la cité, au sens grec) ; pour la précaution, le souci principal est un souci de l'« autre que soi ».

Voilà donc pourquoi il est si important d'introduire le concept de précaution, dans le sens ici défini : il permet de prendre en compte le nouveau pouvoir de l'agir humain et le « souci pour le monde » qui lui est associé. La précaution revêt différents aspects. On peut y voir tout d'abord bien sûr une réponse à l'apparition de nouveaux risques (en particulier les risques technologiques majeurs et les risques environne-

---

1. Comme la prudence, la précaution est un « art du temps » ; mais ce temps de la précaution s'étend fort en avant de nous (il couvre les générations futures), contrairement à celui de la prudence, limité à la durée de notre vie.

mentaux), une manière d'y faire face, de les gérer. On peut y voir aussi une réponse à la nouvelle perception des risques, le moyen de s'y accommoder et de les rendre acceptables. On peut y voir enfin une aspiration morale, l'expression d'un désir de participation accrue de la part des citoyens, un appel à responsabilité. H. Jonas a ouvert cette voie dans son ouvrage *Le principe responsabilité*. Tout son livre est un appel à un renouveau de l'esprit de responsabilité qui englobe, par delà nos contemporains, les générations futures. Il s'agit de définir une nouvelle éthique, car : « nulle éthique antérieure n'avait à prendre en considération la condition globale de la vie humaine et l'avenir lointain de l'existence de l'espèce même »[1]. S'il fallait conclure, et donner l'argument le plus fort qui plaide en faveur de la précaution, c'est je crois la fragilité que je retiendrais : fragilité de la nature, bien entendu, mais aussi de l'homme, du tissu social, du sens : c'est parce que nous risquons de tout briser nous devons adopter des attitudes de précaution. Il semble donc parfaitement justifié de faire appel à un nouveau concept, la précaution, pour répondre aux problèmes du monde contemporain.

Principe de précaution et précaution

La précaution reste à ce niveau un terme très général, et il faut préciser comment le principe de précaution vient s'y insérer. On peut le faire à partir d'une distinction que je tiens pour essentielle, celle entre les effets et les risques[2]. Je propose d'appeler « précaution » l'attitude à adopter lorsque l'on fait

---

1. H. Jonas, *Le Principe responsabilité*, p. 26.
2. Voir J.P. Dupuy, Préface, in Revue européenne des sciences sociales, *Les usages de la précaution*, t. XLII – 2004 – n° 130.

face à l'ensemble des effets d'une situation, et de réserver
« principe de précaution » aux seuls cas où ces effets revêtent
clairement l'apparence d'un risque. Se préoccuper de l'ensemble des effets d'une transformation de l'agriculture traditionnelle en une agriculture OGM, en soulignant par exemple la
transformation du rapport à la nature, du métier d'agriculteur,
de toute l'économie de ce secteur qui sy trouvent impliqués,
relève de la précaution ; se préoccuper des effets sur la santé ou
sur la biodiversité de cette même transformation relève du
principe de précaution.

La distinction de la précaution et du principe de précaution
permet de décharger le principe de précaution de ce qui ne le
concerne pas. Viser par exemple une transformation de la
société, ou encore la refuser (cas des OGM) constituent des
objectifs de précaution, pas du principe de précaution, qui lui
ne vise qu'à nous protéger de la menace que font peser sur nous
les risques incertains que notre monde technologique ne cesse
de produire. Pour résumer, je dirais que la précaution est le
mode de pilotage d'une société dans un monde fragile et
complexe. C'est le régime permanent de notre action, si nous
voulons qu'elle soit action responsable. Quant au principe de
précaution, il est le mode de gestion des risques environne-
mentaux et sanitaires graves et encore incertains dans un
monde fragile et complexe. Le principe de précaution n'est pas
le régime permanent et général de nos actions. Il est un
moment singulier de l'action, il demande un engagement. Il
n'a lieu d'être que lorsqu'on a au préalable répondu positive-
ment aux questions : Y a-t-il incertitude ? Y a-t-il des risques
et non seulement des effets ? Plus abruptement encore, le
principe de précaution répond, dans des circonstances bien
précises, à la question « Qu'est-ce que nous craignons ? »,
quand la précaution elle répond à des questions qui ont la

forme « Qu'est-ce que nous voulons/ne voulons pas ? » lorsque nous sommes à la recherche de la vie bonne.

Tourner résolument le monde vers une politique de précaution est un immense chantier. La philosophie doit y participer, et c'est en proposant une philosophie de la précaution qu'elle peut être le plus utile. J'ai tenté d'en jeter les bases dans un autre ouvrage[1], en partant à la recherche du type de raison, de rapport à la nature, d'action enfin, qui sont requises dans le monde à venir : une raison élargie, une nature retrouvée, une action enrichie : voilà les bases philosophiques de la précaution.

Je vais donner un aperçu des deux premiers piliers de cette philosophie, avant d'aborder de manière plus développée la question de l'action[2].

Pour ce qui concerne la raison, la conception la plus largement partagée aujourd'hui est celle d'une raison centrée sur la recherche des meilleurs moyens pour réaliser une fin donnée, mais qui n'a rien à dire sur le choix de cette fin. Ce point est bien éclairé par les travaux de M. Weber. Le grand sociologue allemand a montré que cette forme de raison (qu'il appelle Zweckrationalität) s'est imposée en Occident à partir du XIXe siècle. Elle étroitement liée à l'influence grandissante de l'économie et de la technique dans la société. La raison, qui avait été jusque là le plus souvent comprise comme également

1. D. Grison, *Vers une philosophie de la précaution*, Paris, L'Harmattan, 2010.

2. Le choix de ces trois piliers pour définir une philosophie est inspiré par la philosophie stoïcienne, qui se définissait sous une forme allégorique comme un champ dans lequel on pénètre en franchissant une clôture (la logique, la conception de la raison ici), puis en traversant une prairie (la *phusis*, notre vision de la nature ici), puis en cueillant les fruits sur l'arbre qui occupe le centre de l'espace (l'éthique, notre conception de l'action ici).

compétente pour nous aider à choisir nos valeurs et le but de nos actions, et pas seulement capable de nous guider dans le choix des meilleurs moyens pour parvenir à nos fins, s'est trouvée écartelée entre *Zweckrationalität* et *Wertrationalität* (la *Wertrationalität* désignant la rationalité en valeur, ou en finalité) pour finalement s'identifier à la première. Sur le choix de nos valeurs et des fins à poursuivre dans nos vies, la raison s'est trouvée réputée incompétente : tout cela était renvoyé aux choix individuels et donc forcément subjectifs. Cette réduction est parallèle à celle qui est à l'œuvre dans le passage de l'« homme » à l'« homo-oeconomicus » – l'homme qui ramène tout au calcul, qui pèse les bénéfices et les risques sans référence aux valeurs, l'homme qui faire taire ses sentiments, qui domine ses émotions, y voyant la condition du succès de ses actions. Tout l'enjeu pour nous est de revenir à une raison « élargie », capable de concilier une approche scientifique, technique, économique, mais aussi politique et éthique, c'est-à-dire de tenir dans la même main la question des fins et celle des moyens. J'ai repris pour cela le concept d'« espace des raisons » à C. Larmore, et j'ai tenté de l'adapter à mon propre projet[1]. Il en ressort une vision de la raison élargie, dans laquelle la délibération occupe une place centrale. La délibé-ration en effet est le succédané du calcul là où le calcul n'est pas possible. Aristote nous aide à bien le comprendre : on ne délibère pas en mathématique, et on ne calcule pas en politi-que. Je vais développer cette réflexion sur la délibération dans la partie suivante de mon ouvrage consacrée à l'action, puis dans l'analyse du texte d'Aristote.

---

1. C. Larmore, *Les pratiques du moi*, Paris, P.U.F., 2004. Voir en particulier p. 102 *sq.*

La question de notre rapport à la nature est également essentielle, et l'on peut voir dans le fossé qui s'est creusé entre elle et les hommes l'une des causes principales du manque de précaution des sociétés contemporaines. Nous avons évoqué plus haut le rapport moderne à la nature. L'âge moderne nous a vu agir comme si nous considérions qu'elle était inépuisable, capable de réparer toutes les blessures que nous lui infligeons. Nous l'avons considérée comme un réservoir inerte de matériaux et d'énergie, qui ne nous intéressait que sous ce rapport, en ignorant toute dimension sensible et esthétique. Mais la nature a ses propres limites que nous ne pouvons ignorer, et elle occupe dans nos vies une place bien plus importante que celle que lui attribue une approche purement économique et industrielle. D'où l'importance d'enrichir notre rapport à la nature et de le déployer sur plusieurs plans : cognitif, sensitif, sentimental et également esthétique.

J'ai cherché à montrer que les sentiments de la nature ont un rôle à jouer dans la mise en œuvre des pratiques de précaution. Il importe que notre culture soit orientée par cet objectif et qu'elle en fasse un enjeu pédagogique. Développer une véritable sensibilité doit permettre aussi d'éviter les excès de sensiblerie, qui ne sont pas favorables non plus à une véritable politique écologique. Car il faut préciser que cet appel à développer des sentiments de la nature ne doit pas être confondu avec une apologie de la sensiblerie. La sensiblerie n'a pas sa place dans la nature, il n'est pas difficile de le montrer[1]. Ce qui est attendu, c'est un sentiment approprié à son égard. Il me paraît important que le rapport à la nature soit

---

1. Voir H. Jonas « Il est à peine nécessaire de dire qu'une interprétation sentimentale de ce commandement est exclue par la loi de la vie elle-même (manger ou être mangé) », *op. cit.*, p. 190.

aussi un rapport esthétique. Ce type de rapport nous permet d'établir une relation au monde qui ne soit pas celle du calcul et de la manipulation, elle affine le regard que nous portons sur les choses et enrichit notre être[1]. Si bien sûr la nature n'est pas seule à offrir cette ouverture, l'œuvre d'art le permet aussi, la place qu'elle occupe dans notre vie en fait un support privilégié : préserver une nature belle est un enjeu de première importance. Il ressort de tout cela une vision complètement renouvelée de notre rapport à la nature. Ce point sera développé à l'occasion de l'étude du texte de Jonas. Je vais maintenant me centrer sur la question du type d'action attendu : c'est en effet cette question qui se rapporte le plus directement à la question du bon usage du principe de précaution.

MONDE DE DEMAIN : QUELLE ACTION ?

J'ai présenté plus haut le modèle libéral de l'action. Nous avons pu voir qu'il pose à son fondement le principe égoïste (*the desire of bettering one's condition*) et qu'il écarte autant que faire se peut la régulation publique (le rôle des institutions politiques y est perçu comme négatif dés que l'on sort du domaine régalien). C'est un modèle qui propose aussi la division de l'action en actions élémentaires, y voyant une condition d'optimisation de la productivité. L'action que ce modèle propose est donc une action divisée et déliée (la coordination des hommes qui la réalisent est réduite au minimum : dans son travail, il est demandé de suivre des règles

---

1. Les travaux que T. Imamichi consacre à établir une éco-éthique sont intéressants pour étayer ce point de vue. Voir l'ouvrage collectif codirigé par P.A. Chardel, P. Kemp, B. Reber, *L'éco-éthique de T. Imamichi*, Paris, Editions du Sandre, 2009.

ou d'appliquer des normes ; à un niveau plus global, la
coordination est remise à un pilote automatique, le marché), il
s'agit donc d'une action extrêmement pauvre en contenu,
qualitativement. Si le modèle libéral de l'action est sans égal
lorsqu'il s'agit de multiplier la production des biens, selon une
approche quantitative, il est beaucoup moins performant pour
le reste. Il est incapable d'assurer une distribution de ces biens
équitable, et c'est toute la question de la justice. Il oublie
complètement la question du bien commun, non seulement en
échouant à le produire, mais plus encore en montrant son
impuissance à faire face aux actions et activités qui le détrui-
sent (par exemple avec la non prise en compte des externa-
lités). Il tombe également dans les pièges, justement dénoncés
par I. Illich, de la contreproductivité : nous passons la plupart
de notre temps à produire des biens sans utilité, ou encore des
biens dont le coût pour le produire se révèle supérieur à sa
valeur d'usage[1]. Nous le voyons bien aujourd'hui, ce modèle
libéral a rencontré ses limites, et il échoue à répondre aux défis
qui s'élèvent devant nous. Alors oui, nous devons changer
de paradigme d'action, mais comment ? Nous sentons
bien aujourd'hui l'importance du « bien agir ». Nous avons
beaucoup trop axé l'action sur le quantitatif et la recherche de
la puissance. C'est avec cette attitude que nous devons
rompre : ce qui qualifie vraiment une action c'est sa qualité.

Mais qu'est-ce qui constitue la qualité d'une action ? Il y a
bien entendu la qualité de l'objet réalisé par cette action (objet
au sens large), mais c'est aussi celle de sa mise en œuvre ou de
sa réalisation. Si c'est par hasard, ou par instinct (c'est le cas
chez les animaux), que le résultat est obtenu, nous ne trouve-
rons pas l'action admirable, même si le résultat l'est. Quant à

---

1. I. Illich l'a analysé avec l'exemple de l'automobile dans *Energie et
Equité*, Paris, Seuil, 1973.

la qualité de sa mise en œuvre elle est étroitement liée à l'opération de la pensée qui lui est attachée. Selon Aristote toute action résulte d'une application de la pensée, qui peut être « ou pratique, ou poïétique, ou théorétique »[1]. Ceci dessine un champ de l'agir ordonné autour de trois pôles : la *poïésis* (qui correspond à la fabrication d'objets en général, ou à la mise en route de processus techniques) ; la *théoria* (les activités de la pensée : la production des idées, la réflexion en général) ; la *praxis* (les activités politiques, en un sens très général : tout ce qui contribue à organiser un groupe humain autour d'un but commun). H. Arendt a proposé un complément utile en distinguant, à l'intérieur de la *poïésis*, ce qu'elle appelle le travail et l'œuvre. Le travail, c'est la part de la production qui est appelée à être consommée, celle destinée à satisfaire aux nécessités vitales ; l'œuvre, c'est la part de la production qui contribue à l'aménagement du monde, à la réalisation du cadre de nos vies[2]. L'action complète, l'action véritable (je qualifierai ainsi l'action de qualité) se construit en prenant en compte chacun de ces trois pôles, qui forment ce que j'ai appelé le triangle de l'action[3]. Or aujourd'hui l'action tend à s'identifier à la seule poïésis (c'est elle que mesure le PIB), voire au sein de cette poïésis au seul travail (la consommation). Nous avons oublié que l'action couvre un champ bien plus large. Un des principaux enjeux de la précaution consistera à remonter à l'action au maximum de ses possibilités.

1. Aristote, *Métaphysique*, t. 1, livre E, chap. I, 1025, b-24, Paris, Vrin, p. 225.

2. H. Arendt, *La condition de l'homme moderne*, Paris, Calmann-Lévy, 1983, p. 123 *sq* et p. 175.

3. D. Grison, *Le principe de précaution, un principe d'action*, Paris, L'Harmattan, 2009, p. 52-57.

La *poiésis* constitue certes le but de la plupart de nos actions (mais pas de toutes : légiférer par exemple constitue une action véritable, elle est une praxis complète par elle-même) et tout l'enjeu est d'enrichir le processus de cette poiésis. Pour cela il faudra lui joindre une dimension théorique et une dimension pratique. Intégrer la dimension théorique revient à réfléchir l'action, intégrer la dimension pratique à lier l'action. L'action véritable, complète, doit être action réfléchie et action liée.

Que faut-il entendre par réfléchir l'action (toute action l'étant plus ou moins) ? Il s'agit de ne pas se laisser piéger par la routine et l'automaticité, et ceci même dans le cas où l'on applique correctement les règles. Il s'agit de toujours « penser large », en rapportant l'action à ses fins, et de « penser précisément », en prenant en compte la singularité du contexte dans lequel cette action doit s'appliquer. On peut éclairer ceci en se penchant sur le rôle des normes comme régulateurs de l'action. Les normes (de *norma*, équerre) indiquent une direction pour l'action et permettent rétrospectivement de vérifier que l'action a été bien accomplie. Mais si la force des normes est de donner des règles à suivre, elles ne doivent pas décharger la pensée si l'on veut que l'action réussisse : il ne faut pas oublier que les normes ne sont qu'une solution géné-rale et abstraite. Il peut être catastrophique d'oublier la fin au service de laquelle elles ont été produites mais aussi d'ignorer ce qui fait la singularité d'une situation et de ne pas savoir les adapter. Prenons pour exemple le domaine de la santé. L'application mécanique des normes peut s'y révéler inhu-maine et conduire au résultat opposé à celui pour lequel elles ont été créées (et donc enfermer dans la maladie plutôt que de guérir). L'art médical consiste à soigner une personne pour lui rendre la santé qu'elle a perdue et non pour ramener à tout prix un ensemble de paramètres issus de différentes analyses dans les fourchettes données par des normes, en l'oubliant elle-même, en tant que personne. Cela ne signifie pas que les normes soient inutiles, mais qu'elles doivent être mises au service de la médecine clinique, et non prendre sa place. Rien ne peut venir remplacer l'échange et la discussion entre le médecin et son patient, la lecture des résultats des analyses ne pouvant constituer qu'un point de départ et non un point d'arrivée pour la réflexion qui se met alors en place. Parce que la personne ne peut être réduite à son corps, l'exercice médical demande de ne jamais dissocier la dimension psychique de la dimension somatique, ce qui demande de toujours ajouter une réflexion (individuelle et collective) à la seule dimension technique d'une action réglée par des normes.

L'action véritable doit être aussi action liée (et elle doit donc intégrer le sommet *praxis* du triangle). Mais d'où vient l'importance du lien dans l'action ? Il faut tout d'abord noter qu'il est bien difficile d'imaginer une action vraiment individuelle : toute action, à quelque niveau, est interaction. Même dans l'hypothèse où nous la conduisons seul, une partie au moins des moyens dont nous aurons besoin nous sont extérieurs, et une partie des conséquences qu'elle entraîne rejaillissent sur l'extérieur. Dans le cas où l'action a une dimension immédiatement collective considérer la coordination entre les différentes parties-prenantes comme quelque chose de secondaire ou de facile à effectuer est une grave erreur qui conduit presque toujours à un résultat décevant (solution sous-optimale). La réussite du projet demande une coordination des différents acteurs, et plus que cela encore une volonté de coopération[1]. Par exemple lors d'un projet de construction de

---

1. L'idée de coopération est plus riche que celle de coordination. La coopération ne peut exister sans une volonté commune de faire aboutir un projet, elle est action au sens fort du terme.

bâtiment (bureau ou habitation) devront coopérer l'architecte, les bureaux d'études, les entreprises, mais aussi les futurs utilisateurs ou habitants ; et il faudra penser aussi à associer des représentants de la mairie, de l'association de quartier si elle existe, de manière à prendre en compte les enjeux de la vie commune.

Dans le cas où l'action peut apparaître plus individuelle (par exemple un chercheur qui met au point une innovation technologique dans son laboratoire), il importera de faire ressortir sa dimension collective et là où cela sera utile d'y intégrer une dimension coopérative (par exemple en établissant un dialogue avec les personnes qui sont appelées à être les futurs utilisateurs de l'avancée technologique).

Ce sera donc une exigence pour toute action véritable de considérer la *praxis* comme étant une de ses dimensions constitutives. Par la praxis toutes les parties-prenantes se trouveront à un titre ou à un autre sollicitées ou consultées. Lier l'action est essentiel, tant il est vrai qu'une approche qui vise à être globale (holistique) est requise pour arriver à un résultat satisfaisant : optimiser de façon séparée, sans concertation ni réflexion commune, les éléments constitutifs d'un ensemble, n'est en aucun cas la solution qui permette d'optimiser le résultat global.

Dans cette recherche d'un enrichissement de l'action un autre aspect mérite d'être souligné : l'action doit être souple et inventive. Souplesse et inventivité sont plus importantes aujourd'hui qu'elles ne l'ont jamais été : la radicalisation de l'incertitude, la complexité, la nouveauté des situations que nous avons à affronter (situations pour lesquelles nous sommes dépourvus d'expérience) rendent nécessaires la souplesse de nos actions (nous devons pouvoir les réorienter régulièrement, voire les abandonner), ainsi que leur inventivité. Et pour cela nous avons besoin non seulement d'innovation technique, c'est à elle que nous pensons d'abord, mais aussi d'innovation sociale.

Replacées dans ce cadre d'action enrichie la prudence et la précaution n'apparaissent plus comme des mesures qui viendraient limiter l'action de l'extérieur, comme on l'entend souvent, mais incarnent au contraire ce qu'il y a de plus intérieur à l'action, de plus précieux, son excellence. Que retirer de cela pour définir l'action attendue en application du principe de précaution ? Cette action doit bien sûr être très soigneusement réfléchie. Il s'agit de penser l'incertitude et ses conséquences, d'être clair sur le but recherché (la prévention des nouveaux risques), de penser aussi la singularité de la situation à laquelle on applique le principe. Il s'agit aussi de réfléchir pour déterminer le meilleur moment de lancement des mesures : si l'anticipation est nécessaire – elle est consubstantielle au concept de précaution – la décision ne doit pas non plus être trop anticipée. Une grande attention doit être donnée à la liaison de l'action car la mise en œuvre du principe de précaution concerne nécessairement une multiplicité d'acteurs (on le verra plus bas dans l'exemple que je donnerai à propos des OGM). Cette action doit être souple et pouvoir être révisée, lorsque son déroulement manifeste avec clarté et sur une période significative un décalage entre ce qui est recherché et ce qui commence à être observé comme résultat. On parle d'action séquentielle pour bien montrer qu'il ne peut jamais s'agir, dans un contexte de grande incertitude, de se lier pour très longtemps, mais qu'il faut prévoir au contraire des points très réguliers qui permettront de régler plus finement l'action engagée[1]. Et enfin cette action doit être inventive car

1. J.C. Hourcade, « Approche séquentielle de l'effet de serre », dans *Le principe de précaution dans les affaires humaines*, O. Godard (dir.), Paris,

les situations d'application du principe de précaution sont presque toujours des situations inédites. Le principe de précaution est justement une innovation sociale, et ceci permet d'expliquer en partie la difficulté d'acculturation qu'il rencontre : beaucoup de ceux qui y font appel restent sur un registre de l'action dépassé, car ils n'ont pas encore pris à leur compte la dimension d'innovation que le principe contient. Bref : l'action qui doit être mise en œuvre dans le cadre de l'application du principe de précaution doit être étendue à l'ensemble de ses ressources, elle doit solliciter tout son potentiel. Elle est bien différente de l'action théorisée par A. Smith, plus exigeante mais aussi plus satisfaisante – plus adulte également. Nous pouvons maintenant rassembler tout ce qui précède et tenter de définir ce que doit être un bon usage du principe de précaution.

QUEL BON USAGE POUR LE PRINCIPE DE PRÉCAUTION ?

Les réflexions qui précèdent nous ont éclairés sur les enjeux du principe de précaution, en précisant le nouveau cadre dans lequel nous sommes appelés à vivre, et en ouvrant la réflexion sur les nouvelles attentes relatives à nos actions. En conjuguant ces réflexions et les enseignements des différents textes visant à cadrer et préciser l'usage du principe de précaution que j'évoquais au début de l'ouvrage, il est possible de proposer trois clés qui nous mettent sur la voie de son bon usage. J'insisterai également sur ce qui me paraît constituer le principal défi à relever pour y parvenir.

Editions de la Maison des Sciences de l'homme, INRA, 1997, p. 259-292, en particulier p. 269.

Première clé : bon escient

Et tout d'abord il faut user du principe de précaution à bon escient. Cela demande un juste positionnement de ce principe dans le cadre plus général de ce que j'ai appelé la précaution. Nous avons vu en effet que trop souvent les querelles engagées autour du principe proviennent de ce que l'on lui fait endosser des questions à propos non des risques mais des effets d'une innovation technique ou d'une pratique commerciale. Mais comment faire pour éviter cette dérive ? La discussion sur les effets est nécessaire et légitime : il faut la conduire, mais dans un cadre autre que celui du principe de précaution, et le faire soit en amont, soit en parallèle avec les procédures requises par sa mise en œuvre. Engager cette discussion de nature politique (que souhaitons-nous, que refusons-nous, dans quel monde voulons-nous vivre, quelles sont les valeurs que nous voulons voir respectées ou promues ?) est d'ailleurs nécessaire, et pas seulement pour permettre un bon usage du principe de précaution : c'est l'essence même d'une démocratie que de proposer une réflexion collective sur la forme de la société qu'elle organise. Or aujourd'hui où les innovations technologiques influent si fortement sur nos modes de vie, les mettre en débat apparaît nécessaire et cela, encore une fois, même si elles ne présentent pas de risque au sens propre du terme. Ainsi déchargés des questions philosophiques et générales relatives aux choix de société, les débats autour de l'application du principe de précaution pourront plus facilement être circonscrits et réservés aux seules situations où il est légitime de faire appel à lui : celles où nous avons à faire face à des risques au sens strict du terme. Par ailleurs il ne faut pas faire preuve d'angélisme : nous vivons dans un monde dans lequel s'exercent de puissants rapports de force, et ceux qui sont établis par le monde économique et financier sont particulièrement violents. Mais cela ne doit pas faire dévier le principe de précaution de son but, qui est de combattre des risques. Pour le reste, les effets, le combat est bien plus large et il est d'abord de nature politique.

La seconde condition d'un usage à bon escient est que ces risques concernent l'environnement ou la santé (et donc pas l'ensemble des questions sécuritaires). On peut par ailleurs noter un glissement dans le recours au principe de précaution. A l'origine, c'est le souci pour la nature qui motivait le recours qui lui était fait; avec le centrage sur les questions de santé, c'est le souci pour soi qui devient dominant. S'il n'est pas illégitime d'appliquer le principe de précaution à ces situations où nous avons peur pour notre santé, il ne faut pas que cela fasse reculer celles où nous l'appliquons à l'environnement et nous préoccupons des générations futures plus que de nous-mêmes.

La troisième condition concerne la gravité des risques redoutés. Ces risques doivent être « graves et irréversibles ». Par gravité, il faut entendre que le risque doit concerner un grand nombre de personnes (les risques sanitaires produits par certaines substances chimiques par exemple), ou avoir un impact important sur la nature (comme c'est le cas du risque que les OGM font peser sur la biodiversité). Mais que faut-il entendre par « irréversible », sachant que tout ce qui existe dans le temps, stricto sensu, est irréversible ? Du point de vue pratique qui nous intéresse ici, nous considérerons qu'il y a réversibilité lorsqu'un retour à un état proche de l'état initial est possible, et par « irréversible » lorsqu'il est impossible, du moins dans un délai et à un coût raisonnable. Installer des éoliennes est un choix réversible, construire de très grands barrages, comme celui des Trois Gorges en Chine, est irréversible.

La quatrième condition porte sur la nature de l'incertitude. Il doit s'agir d'une incertitude de nature scientifique, lorsque la connaissance du dossier est incomplète. Cette incertitude est à distinguer de celle qui porte sur la réalisation de l'évènement redouté, lorsque l'on connaît les mécanismes qui y conduisent, la seule incertitude résidant dans le lieu et le moment où l'accident se produira. C'est cette distinction qui permet de distinguer la prévention de la précaution. La prévention est née à la fin du XIXᵉ siècle, elle est concomitante à l'avènement de la science et aux espoirs qu'elle a soulevés [1], la précaution est née à la fin du XXᵉ siècle et elle est liée à la prise de conscience des limites de la science : de la prévention à la précaution, c'est bien à un changement de monde que l'on a assisté.

Seconde clé : bonnes procédures

La seconde clé concerne les procédures. Lorsque la mise en œuvre du principe de précaution est décidée à bon escient, il importe d'ouvrir trois chantiers. Le premier chantier consiste dans le lancement de recherches pour mieux évaluer la nature et la gravité du risque, ces recherches devant être nécessairement pluridisciplinaires («sciences dures», mais aussi sciences humaines et sociales). Le second chantier consiste dans l'activation de tous les canaux qui permettent la communication. Il ne s'agit pas de simplement faire descendre des informations des scientifiques vers les usagers, mais aussi d'en faire remonter dans le sens opposé, et ainsi de favoriser de véritables échanges entre les différentes parties. La communi-

---

1. Voir F. Ewald, *Histoire de l'Etat-Providence*, Paris, Grasset, 1986.

cation dont il s'agit est une communication horizontale, et non diffusant de haut en bas, à la manière militaire. La communication mise en place en France en 2009 à propos de la grippe aviaire pour inciter les gens à se vacciner a été à cet égard un contre-exemple parfait, les responsables de la mise en œuvre de cette politique ont été sourds aux multiples signaux que leur envoyaient les médecins généralistes et les citoyens en général.

Quant au troisième chantier il concerne les mesures immédiates et effectives à prendre pour lutter contre le risque, alors même que les connaissances scientifiques à son propos sont encore incomplètes et que de l'incertitude demeure. Ces mesures doivent être « proportionnées et révisables ». On voit bien ce qu'il faut entendre par révisable, mais il est plus difficile de comprendre la notion de proportionnalité : comment proportionner l'action sachant que le risque est comme nimbé d'incertitude ? S'il ne peut s'agir d'une proportion de type mathématique (car elle demanderait une connaissance précise du niveau de risque), il existe des éléments dont la prise en compte permet d'établir une proportion basée sur une discussion. Cette discussion doit reposer sur les questions suivantes. Quel est le niveau de plausibilité des hypothèses de risque [1] ? Le niveau du risque redouté est-il peu élevé, élevé, très élevé ? Quel est le coût des mesures envisagées ? Quels sont les avantages escomptés si on accepte de courir le risque ? Peut-on

---

1. En sommes-nous à la première étape – un « lanceur d'alertes » nous avertit de l'existence possible d'un risque que nous ignorions ? Un ou plusieurs laboratoires isolés ont-ils pu confirmer l'hypothèse ? Un consensus commence-t-il à émerger – mais avec encore un doute résiduel porté par un groupe significatif de scientifiques compétents dans le domaine ? On pourra se référer ici à O. Godard, dans *Traité des nouveaux risques*, O. Godard, C. Henry, P. Lagadec, E. Michel – Kerjan, Paris, Gallimard, 2002, p. 147 *sq.*

penser que l'incertitude pourrait être assez rapidement levée – auquel cas il serait raisonnable d'attendre un peu avant de prendre des mesures ? Cette discussion ayant eu lieu, les mesures qui seront retenues pourront échapper au reproche d'improvisation ou de légèreté. Elles seront-elles-mêmes choisies parmi toute une gamme, qui va de la simple veille jusque, à l'autre extrémité du spectre, l'interdiction pure et simple, en passant par des mesures d'autorisation limitée ou de moratoire.

C'est le moment de définitivement tordre le cou à une interprétation totalement erronée du principe de précaution : non, il ne s'agit pas d'un principe couperet qui, lorsque l'on fait appel à lui, signifie l'automaticité de la prise de décisions extrêmes (du type interdiction). Vouloir appliquer par exemple le principe de précaution aux nanotechnologies ne signifie pas qu'on veuille les interdire définitivement et sans distinction, mais que l'on veut donner du temps au temps et engager un processus de délibération. Aucune mesure, à ce stade, n'est déjà déterminée : le principe de précaution n'est pas un principe de fatalité, mais un principe d'intelligence.

Troisième clé : bon esprit

La troisième clé concerne l'esprit qui doit gouverner la mise en œuvre du principe de précaution. Cette clé est essentielle, car si cet esprit est resté celui du scientisme ordinaire, ou s'il est devenu par réaction celui du soupçon généralisé, cette mise en œuvre va échouer : il ne peut y avoir de bon usage du principe de précaution sans une transformation des esprits. Dans ce contexte précis d'application du principe, deux points décisifs apparaissent. Le premier réside dans la compréhension du principe de précaution comme d'un véritable principe d'action : l'ensemble des personnes concernées doivent passer (de façon différenciée pour chacun, selon sa position) du statut de spectateur passif à celui d'acteur véritable. Le deuxième point réside dans la compréhension de la nature de l'action attendue, action sous incertitude et non action ordinaire[1], en sachant que notre esprit (qui doit décider de l'action puis l'accompagner) est rétif à cette dernière, que nous avons beaucoup de mal à penser dans sa radicalité[2]. Nous devons en particulier tenir compte des limites de nos prévisions relatives aux évènements à venir, limites attachées non seulement à la probabilité de survenue de ces évènements, mais aussi à leur nature[3]. Des crises graves peuvent survenir très rapidement, sans que nous ne les voyions arriver, aussi devons nous préparer à être surpris[4]. D'où l'importance de la veille scientifique et citoyenne (importance d'être attentifs aux signes annonciateurs) et du rôle des lanceurs d'alerte, dont l'action doit être reconnue et encouragée (en particulier en leur conférant un statut)[5] : à la transformation individuelle

1. Bien entendu, toute action a à faire avec l'incertitude. Je le répète, ce qui est nouveau ici, c'est la radicalité de l'incertitude.

2. Voir G. Bronner, *L'incertitude*, Paris, P.U.F., 1997. Comme le soulignait le physicien P. Langevin, « Face à l'incertitude tout notre appareil mental est à revoir ».

3. La probabilité d'un réchauffement à +5°C. Nous vivons dans un univers non seulement incertain, mais même indéterminé, voir plus haut, p. 4-5.

4. P. Lagadec, *Le Panorama du médecin* n°5229, semaine du 20 juin 2011 au 26 juin 2011.

5. « L'évaluation doit faire ressortir les avis minoritaires éventuels » (Résolution art. 10). Nous sommes ici au cœur du nouvel esprit attendu. Face à des avis minoritaires, l'ancien esprit (encore très présent aujourd'hui !) consiste plutôt à adopter des attitudes attentistes (tant que cela est minoritaire, ce n'est pas grave), dilatoires ou de dénigrement.

des esprits doit venir s'ajouter une transformation dans l'organisation de la société.

Tout ceci demande une attitude tournée vers l'action et l'engagement, et pour cela nous avons besoin de développer des capacités de délibération et de coopération. En particulier lors du recours au principe de précaution la délibération apparaît nécessaire à tous les niveaux. Evaluer, communiquer, agir : pour ces trois chantiers du principe de précaution, il importe de multiplier les points de vue, de les croiser, de les féconder les uns par les autres. Au point que l'on peut véritablement faire de la délibération le cœur du principe de précaution.

Le défi principal, la bonne délibération

Et c'est ici que je vois résider le défi principal du bon usage du principe de précaution : la capacité de bien délibérer. Car une délibération n'est pas une opération magique, et le simple fait d'être d'accord pour délibérer ne suffit pas à garantir que la délibération se déroule de manière satisfaisante. La lecture d'Aristote peut à nouveau ici nous aider. Dans *l'Ethique à Nicomaque* le Stagirite procède en deux temps : il définit tout d'abord la délibération, dont il fait une étape décisive de l'action volontaire (livre III), puis il y revient dans le livre VI, consacré aux vertus intellectuelles, et il s'interroge alors sur ce que doit être une « bonne délibération ». C'est en effet, souligne-t-il, qu'il peut y en avoir de mauvaises, par exemple celles de l'homme intempérant qui « s'il est habile atteindra ce qu'il se propose à l'aide d'un calcul, de sorte qu'il aura délibéré correctement, alors que c'est un mal considérable qu'il s'est procuré ». Ce qui rend la délibération bonne, nous explique Aristote, c'est la rectitude qui l'accompagne ou la guide : « la bonne délibération, laquelle est une rectitude portant à la fois sur la fin à atteindre, la manière et le temps ». Une délibération qui se rapporte à une fin elle-même mauvaise (cas de l'homme intempérant), ou qui choisit de mauvais moyens (des moyens mauvais en eux-mêmes ou des moyens non adaptés à la fin qu'ils se proposent d'atteindre), ou encore qui ne s'établit pas dans un juste temps (trop rapide, expédiée, ou au contraire s'éternisant sans jamais aboutir à une décision) ne peut être considérée comme une bonne délibération. Et l'énumération de ces causes de « mauvaise délibération » dessine les principaux écueils où vient trop souvent s'échouer le principe de précaution mal appliqué (objectif mal défini, moyens inappropriés, mauvaise temporalité de l'action).

Une bonne délibération est une délibération dans laquelle chacun défend avec fermeté sa vision (et ses intérêts) mais où dans le même temps chacun est convaincu que la complexité des situations qu'il faut traiter empêche une seule personne ou un seul groupe de personnes – à commencer par celui auquel il appartient – de prétendre détenir seul la vérité. Par conséquent une bonne délibération renferme la conviction que seule une coopération peut permettre de s'élever à la hauteur des enjeux.

Dans notre monde placé sous le signe de la complexité les différences ne doivent plus être vues comme un risque mais comme une chance : si effectivement ces différences peuvent apparaître comme des freins pour l'action, elles doivent surtout être vues comme une chance d'échapper aux approches simplistes et comme une chance de se rapprocher du réel.

Mais si la diversité des points de vue doit être recherchée, la délibération doit aussi être organisée à partir de quelques règles. On pourra citer le principe d'égalité réelle et le principe de compétence. Pour ce qui concerne le principe d'égalité réelle, une bonne délibération nécessite une implication effective de toutes les personnes concernées, et demande de prendre en compte toutes les opinions. Nous retrouvons là certaines des recommandations de l'éthique de la discussion de J. Habermas[1]. Il s'agit ensuite d'appliquer le principe de compétence. Ce n'est pas parce que tous les participants sont égaux dans le processus de délibération que toutes les opinions de tous les participants doivent être à chaque occasion considérées comme égales. Chaque intervenant dispose d'une certaine compétence dans un certain domaine, et la plupart des problèmes, des querelles et des embrouilles, proviennent des débordements hors de leur domaine de compétence des différents protagonistes. Le redoublement de l'incertitude que nous connaissons ne signifie pas un aplatissement de toutes les opinions et le triomphe du relativisme: il est des opinions qui valent plus que d'autres car elles sont mieux fondées.

Un exemple : le cas des OGM[2]

Je vais terminer cette réflexion sur le bon usage en appliquant mes recommandations aux OGM, car les débats que ceux-ci soulèvent constituent un cas emblématique. Si le recours au principe de précaution par les opposants au développement des techniques OGM est assez systématique, il demande à être précisé s'il veut être légitime. Pour me guider dans la réflexion que je propose je voudrais proposer, sous la

---

1. Voir J. Habermas, *Morale et communication*, Paris, Flammarion, 1996. Je cite: «Ce qui est exigé, c'est une argumentation "réelle" à laquelle participent, en coopération, les personnes concernées. Seul un processus intersubjectif de compréhension peut conduire à une entente de nature réflexive», p. 88.

2. Voir D. Grison, «Comment débattre des OGM», *Natures Sciences Sociétés* 16, 348-354, 2008.

forme d'un tableau, une mise en ordre des débats autour des OGM : la distinction de différents niveaux de débats me paraît essentielle si l'on veut les clarifier.

Niveau	Objet	Intervenants	Type de débat
Connaissance	Evaluation du risque théorique Evaluation du risque réel	Scientifiques (experts spécialistes des questions fondamentales, experts de terrain, représentants des Sciences humaines et sociales)	Controverses scientifiques
Pilotage	Application du principe de précaution	Organismes mixtes : experts, représentants des SHS, société civile	Opportunité de déclencher le principe de précaution ou type de mesures à prendre
Orientation	Choix « programmatique»	Citoyens	Différences de valeur ou de représentation de la vie bonne

Tableau 1 : les conditions d'un bon débat

Ce tableau permet de distinguer trois niveaux de débat : le niveau de la connaissance, celui du pilotage, celui de l'orientation. Au premier niveau il s'agit de l'évaluation du risque, et pour les OGM ces risques sont écologiques (menace sur la biodiversité) et sanitaires (par le biais de l'alimentation). Ces risques eux-mêmes doivent être évalués en tenant compte de la distinction entre ce que l'on peut appeler le risque théorique et le risque réel[1]. Le risque théorique est obtenu en laboratoire dans des conditions très « stylisées » et à partir de modèles. Le risque réel quant à lui intègre les pratiques réelles, dans le contexte de l'exploitation, en tenant compte du facteur humain. Le risque réel intègrera par exemple les problèmes quasi insolubles de séparation effective des filières « avec » et « sans » OGM en analysant les pratiques de l'agriculture (on ne peut éliminer le risque de mélange et de contamination de la filière sans OGM lors d'opérations de logistique telles que le nettoyage des camions transportant les semences). Le fait de ne voir intervenir à ce niveau que des scientifiques et experts ne signifie pas que l'accord puisse se faire aisément : la science aussi est traversée de controverses, le consensus n'y est pas automatique ! Ajoutons qu'il faut intégrer, si l'on veut accéder au risque réel, des acteurs que l'on pourrait qualifier d'experts de terrain (dans le monde agricole, des conseillers ou formateurs), ainsi que des représentants des sciences humaines et sociales (SHS), qui permettront une réelle prise en compte des dimensions psychologique et sociologique de la situation. Quant au déclenchement (éventuel) du principe de précaution, il devra être décidé par des personnes en responsabilité politique ou économique sur la base des connaissances et des informations produites à ce premier niveau.

Le second niveau de débat est celui qui doit avoir lieu autour du pilotage de l'action quand il a été décidé d'appliquer le principe de précaution. Les controverses qui peuvent apparaître ici sont liées au choix des recherches à lancer, des mesures à prendre, de la communication à mettre en œuvre en application du principe de précaution. Le cercle des

---

1. Voir O. Godard, « Risques théoriques et risques réels », *La Recherche*, numéro spécial sur le risque alimentaire, février 2003, p. 86.

participants à ce débat doit être élargi au-delà des seuls experts et spécialistes à l'ensemble des acteurs concernés appartenant à la société civile. Très clairement les agriculteurs, mais aussi tous ceux qui s'intéressent à la nature et s'y investissent (les naturalistes, écologistes pécheurs, chasseurs, etc.) doivent être associés pour les informations qu'ils peuvent apporter mais aussi pour l'accompagnement de l'action entreprise qui ne peut se limiter à ses seuls aspects économiques et techniques. Dans une perspective d'action liée, les dimensions technique, économique et sociale doivent être traitées toujours ensemble (et, en particulier, la dimension sociale ne doit jamais être réduite à un habillage artificiel ou encore à quelques mesures d'accompagnement).

Le troisième niveau de débat enfin est celui des grandes orientations de la société. C'est à ce niveau que l'on va s'intéresser non seulement à la question des risques, mais à celle de l'ensemble des effets qui peuvent résulter des choix que l'on fait. Le choix d'une agriculture OGM n'est pas neutre en termes d'effets : il accentue l'industrialisation de l'agriculture, la dépendance des agriculteurs vis-à-vis des grands groupes économiques, la brevetabilité du vivant et la propriété industrielle de ce dernier, une approche instrumentale de la nature, l'appauvrissement génétique et aussi celui des paysages. Il contribue à éloigner encore un peu plus la société de la nature en diminuant le nombre, déjà si faible, des habitants de notre planète qui sont en lien direct avec elle, par leur pratique de vie, et qui peuvent de la sorte servir de lien entre la nature et la société. Choisir une agriculture biologique et un mode de distribution adapté (marchés, AMAP) permet à l'inverse de tisser ce lien, de conserver une nature plus diversifiée et plus belle, mais cela avec des rendements plus faibles et à un coût économique plus élevé. Débattre et choisir à ce niveau est un enjeu de politique, et ce sont tous les citoyens qui auront à décider ce qui est pour eux une vie bonne : vivre avec ou sans OGM, avec quels risques, quels coûts, quels effets, quel type de société, mais aussi quelles valeurs ?

QUELLES VERTUS POUR LA PRÉCAUTION ?

Le bon usage du principe de précaution est maintenant balisé. Mais nous voyons bien qu'il est tout sauf l'application mécanique de normes et de règles, qu'il est très exigeant avec les acteurs chargés de sa mise en œuvre, et qu'il demande de faire appel à des qualités qui ne sont pas toujours au rendez-vous de notre société. Aussi conclurai-je ma réflexion en insistant sur l'importance des vertus, des vertus intellectuelles, mais aussi de cette vertu du caractère qu'est le courage, alors qu'on le sait, les partisans du principe de précaution sont parfois accusés d'en manquer, tout focalisés qu'ils seraient sur leur quête d'un « risque zéro ».

La question des croyances : les vertus intellectuelles

Tout d'abord, bien appliquer le principe de précaution demande des vertus intellectuelles, nécessaires si nous voulons ne pas nous perdre dans le champ aujourd'hui tellement embrouillé des opinions, des croyances et même dans celui des connaissances apportées par la science, qui n'échappent pas toujours à la contradiction et aux contro-verses. Combien y a-t-il eu de morts à la suite de l'accident de Tchernobyl ? Quelle est l'influence des ondes électromagné-tiques – cancérigènes ou pas ? Que vaut l'homéopathie – effet placebo, ou vrai médicament ? Sur toutes ces questions chacun se construit son opinion en s'appuyant sur mille sources d'informations, principalement liées à l'Internet. La toile permet de faire circuler toutes sortes d'idées, et l'accès à l'information par les moteurs de recherche ne hiérarchisant pas cette information (mais au contraire la livrant brute) la confusion dans le champ de nos croyances est devenue plus menaçante que jamais. Qui croire ? Que croire ? Et sur quels critères ? Nous devons faire le tri dans l'océan des informations disponibles : mais comment y parvenir ? C'est là que doivent intervenir les vertus intellectuelles.

Nous avons tout d'abord besoin de discernement. Toutes les informations ne sont pas également crédibles. Le discernement permet d'écarter des pseudo-informations qui ne sont rien de plus que des rumeurs. Mais il permet d'écarter aussi des informations « officielles » qui usent d'arguments d'autorité, sans apporter aucune raison solide à leur appui – typiquement un vulcanologue réputé s'exprimant au nom de la Science pour réfuter les conclusions auxquelles la communauté des scientifiques experts du climat se rallie de façon quasiment unanime.

Nous avons ensuite besoin de pertinence : savoir, distinguer les arguments qui sont pertinents de ceux qui ne le sont pas est très important. Ici ce n'est plus la qualité de l'argument qui est en question, mais son caractère – adapté ou non – à la situation et au problème concerné. Sans pertinence, le risque est de tout mélanger. Nous avons besoin aussi de rigueur. La rigueur nous demande de ne pas nous rendre précipitamment à une conclusion (que nous désirons établir ou voir reconnaître) à partir d'une base encore étroite, même si elle peut paraître convaincante à première vue. Il y a en particulier une obligation à être le plus exhaustif possible, à aborder la question en prenant en compte les différents points de vue, en les confrontant, en prenant aussi le temps d'examiner vraiment les objections des adversaires des idées que l'on défend.

Nous avons besoin d'impartialité. Beaucoup de sujets dans l'actualité suscitent de la passion et quand la passion domine tous les arguments se trouvent sans beaucoup d'examen ni de nuance soit mis à son service soit écartés : ceux qui lui servent sont montés sur un piédestal, ceux qui la desservent sont travestis ou cachés. Seule l'impartialité nous permet d'examiner sérieusement des arguments qui affaiblissent notre position. Et finalement, nous avons besoin d'humilité, au sens socratique – c'est-à-dire au sens d'une conscience aigue de tout ce que nous ne savons pas – et cela justifie aussi le fait de considérer l'hésitation comme une valeur. L'hésitation dont il est question ici n'est pas une hésitation indéfinie qui paralyse toute action, mais elle est ce temps nécessaire où, même lorsque nous sommes convaincus de la justesse de nos arguments, nous donnons « du temps au temps », nous suspendons nos affirmations et prenons conscience de la fragilité de toute opinion. L'hésitation apparaît alors comme une porte ouverte vers la délibération. Pour les questions si nouvelles et si délicates auxquelles nous sommes confrontés, il me semble important de ménager une ouverture vers un espace d'interrogation, de questionnement. Et il ne s'agit pas de déléguer cette responsabilité. S'il peut être précieux de bénéficier par exemple de l'avis d'un « comité des sages », cela ne décharge en rien les citoyens de leur devoir de penser par eux-mêmes.

La question du courage

On reproche souvent aux défenseurs du principe de précaution un manque de courage. Mais tout au contraire il est un principe de courage, si l'on s'entend sur le sens de ce mot et que l'on ne confond pas le courage et la témérité. Ainsi

Aristote distingue-t-il les « soldats citoyens », prêts à rester à leur poste jusqu'à la mort pour défendre leurs valeurs, des « soldats de métier ». Si au départ les premiers face aux seconds font pâle figure, ces derniers ne font pas illusion bien longtemps. Les soldats de métier sont impulsifs, ils n'ont confiance en eux que parce qu'ils n'ont pas encore connu l'échec, ce pourquoi face au danger : « ils commencent à (l') affronter en pensant qu'ils sont les plus forts, mais la vérité une fois connue, ils prennent la fuite ». Les soldats de métier peuvent être téméraires, mais ils ne sont pas courageux. En vérité, il n'y a pas de vrai courage sans une connaissance pleine et entière du danger, sans également que l'action ne soit rapportée à un but noble : « c'est en vue d'un but noble que l'homme courageux fait face aux dangers et accomplit les actions que lui dicte son courage »[1]. C'est pourquoi il ne peut y avoir de courage sans réflexion. L'action courageuse demande d'avoir analysé le danger, de connaître ses forces et faiblesses, d'avoir défini les valeurs que l'on veut défendre ou promouvoir. N'est-ce pas ce que demandent aussi la prudence et la précaution ?

Dans un monde devenu fragile complexe et incertain vouloir continuer à laisser le monde se développer sous la seule gouverne de la technoscience et du marché, c'est de la témérité mais pas du courage. Le courage consiste à regarder en face les impasses et les risques considérables auxquels cela nous conduit, à reprendre en main notre destin : le principe de

---

1. La définition complète de l'homme courageux que donne Aristote est la suivante : « Celui donc qui attend de pied ferme et redoute les choses qu'il faut, pour une fin droite, de la façon qui convient et au moment opportun, ou qui se montre confiant sous les mêmes conditions, celui-là est un homme courageux » (III, 10, 1115 b 17-19).

précaution est victime d'un mauvais procès, qui résulte d'une confusion entre courage et témérité.

CHANGER D'ÈRE

L'image du principe de précaution, on a pu le voir, est devenue trouble, et son concept confus, à la suite des attaques dont il a été la victime de la part de ses adversaires, mais aussi de l'usage maladroit et parfois fautif qu'en ont eu certains de ses défenseurs. L'erreur partagée des uns et des autres est de ne pas « tenir l'incertitude », mais de l'abandonner pour regagner les territoires mieux connus et plus propices à l'action où l'on affirme et assène des convictions. Il est vrai que le cocktail « risques plus incertitude » est particulièrement anxiogène, propice à toutes sortes d'extrapolations de la part de notre imagination. Mais c'est notre nouveau destin, et nous devrons de toute manière vivre avec lui. Le principe de précaution est un premier pas dans cette voie. La société et l'homme de précaution devront être plus adultes, une culture devra être inventée pour remplacer le consumérisme, et les vertus individuelles devront être cultivées. Nous avons besoin d'action, de prudence et de courage, nous sommes bien loin de la fril osité parfois reprochée à ce principe. Il me reste à conclure avec cette citation de H. Jonas, en transposant au principe de précaution ce qu'il nous dit de la prudence :

> La prudence est la meilleure part du courage et elle est en tous cas un impératif de la responsabilité (…). Il se peut qu'ici l'incertitude soit notre destin permanent – ce qui a des conséquences morales [1].

1. H. Jonas, *Principe responsabilité*, p. 257.

TEXTE 1

ARISTOTE
Ethique à Nicomaque, VI, 7-8, 1141 a 8-1141 b 23 [1]

Le terme *sagesse* dans les arts est par nous appliqué à ceux qui atteignent la plus exacte maîtrise dans l'art en question, par exemple à Phidias comme sculpteur habile et à Polyclète comme statuaire; et en ce premier sens, donc, nous signifions par sagesse rien d'autre qu'excellence dans un art. Mais nous pensons aussi que certaines personnes sont sages d'une manière générale, et non sages dans un domaine particulier, ni sages *en quelque autre chose*, pour parler comme Homère dans Margitès : *Celui-là les dieux ne l'avaient fait ni vigneron, ni laboureur, ni sage en quelque autre façon.*

Il est clair par conséquent que la sagesse sera la plus achevée des formes du savoir. Le sage doit non seulement connaître les conclusions découlant des principes, mais encore posséder la vérité sur les principes eux-mêmes. La sagesse sera ainsi à la fois raison intuitive et science, science munie en quelque sorte d'une tête et portant sur les réalités les plus

1. Paris, Vrin, 1994.

hautes. Il est absurde en effet de penser que l'art politique ou la prudence soit la forme la plus élevée du savoir, s'il est vrai que l'homme n'est pas ce qu'il y a de plus excellent dans le monde.

Si dés lors *sain* et *bon* est une chose différente pour des hommes et pour des poissons, tandis que *blanc* et *rectiligne* est toujours invariable, on reconnaîtra chez tous les hommes que ce qui est sage est la même chose, mais que ce qui est prudent est variable : car c'est l'être qui a une vue nette des diverses choses qui l'intéressent personnellement qu'on désigne du nom de *prudent*, et c'est à lui que l'on remettra la conduite de ces choses-là. De là vient encore que certaines bêtes sont qualifiées de prudentes : ce sont celles qui, en tout ce qui touche à leur propre vie, possèdent manifestement une capacité de prévoir.

Il est de toute évidence aussi que la sagesse ne saurait être identifiée à l'art politique : car si on doit appeler la connaissance de ses propres intérêts une sagesse, il y aura multiplicité de sagesses : il n'existe pas en effet une seule sagesse s'appliquant au bien de tous les êtres animés, mais il y a une sagesse différente pour chaque espèce, de même qu'il n'y a pas non plus un seul art médical pour tous les êtres. Et si on objecte qu'un homme l'emporte en perfection sur les autres animaux, cela n'importe ici en rien : il existe, en effet, d'autres êtres d'une nature beaucoup plus divine que celle de l'homme, par exemple, pour s'en tenir aux réalités les plus visibles, les Corps dont le Monde est constitué.

Ces considérations montrent bien que la sagesse est à la fois science et raison intuitive des choses qui ont par nature la dignité la plus haute. C'est pourquoi nous disons qu'Anaxagore, Thalès et ceux qui leur ressemblent, possèdent la sagesse, mais non la prudence, quand nous les voyons ignorer les choses qui leur sont profitables à eux-mêmes, et nous leur reconnaissons un savoir hors de pair, admirable, difficile et divin, mais sans utilité, du fait que ce ne sont pas des biens proprement humains qu'ils recherchent.

Or la prudence a rapport aux choses humaines et aux choses qui admettent la délibération : car le prudent, disons-nous, a pour œuvre principale de bien délibérer ; mais on ne délibère jamais sur les choses qui ne peuvent être autrement qu'elles ne sont, ni sur celles qui ne comportent pas quelque fin à atteindre, fin qui consiste en un bien réalisable. Le bon délibérateur au sens absolu est l'homme qui s'efforce d'atteindre le meilleur des biens réalisables pour l'homme, et qui le fait par raisonnement.

La prudence n'a pas non plus seulement pour objet les universels, mais elle doit aussi avoir la connaissance des faits particuliers, car elle est de l'ordre de l'action, et l'action a rapport aux choses singulières. C'est pourquoi aussi certaines personnes ignorantes sont plus qualifiées pour l'action que d'autres qui savent : c'est le cas notamment des gens d'expérience : si, tout en sachant que les viandes légères sont faciles à digérer et bonnes pour la santé, on ignore quelles sortes de viandes sont légères, on ne produira pas la santé, tandis que si on sait que la chair de volaille est légère, on sera plus capable de produire la santé.

La prudence étant de l'ordre de l'action, il en résulte qu'on doit posséder les deux sortes de connaissances, et de préférence celle qui porte sur le singulier. Mais ici encore elle dépendra d'un ordre architectonique.

COMMENTAIRE

Dans le mouvement des idées philosophiques on a pu noter un retour à Aristote (qui avait dominé la philosophie du Moyen Âge, mais avait été écarté avec la révolution moderne du XVIIᵉ) au cours de la seconde moitié du XXᵉ siècle. Ce retour est concomitant des grands bouleversements que j'ai décrits plus haut. Ne faut-il y voir qu'une coïncidence ? Je ne pense pas, et nous allons découvrir en étudiant notre texte à quel point les idées qu'il contient sont éclairantes pour les questions qui se posent à nous aujourd'hui, et peuvent nous préparer à mettre en œuvre les réformes nécessaires. Aristote y compare la sagesse et la prudence, les oppose et montre que seule la seconde est proprement humaine, la première étant réservée aux dieux, inaccessible et de plus inutile aux hommes. Alors que son maître Platon avait placé la prudence sous l'autorité de la connaissance théorique, Aristote l'en émancipe en en faisant un autre mode de connaissance, pratique cette fois-ci, qu'il situe non au-dessous mais à côté de la première. L'importance accordée à la prise en compte des faits singuliers, à la reconnaissance du caractère indépassable de la contingence et à la nécessité de la délibération pour nous orienter pratiquement dans le monde, voilà les ressorts principaux de cette prudence en laquelle il est permis de voir un précurseur de notre principe de précaution.

Ce texte vient prendre sa place dans le livre VI de *l'Ethique à Nicomaque* consacré aux vertus intellectuelles. On peut lire la totalité de cette œuvre comme un traité des vertus, ces dernières constituant pour Aristote le cœur de l'éthique. Ce faisant il fonde l'éthique de la vertu, qui constitue à côté de l'éthique déontologique et de l'éthique utilitariste l'un des trois courants historiques dominants de la philosophie morale. Aristote s'appuie sur une anthropologie qui distingue deux parties constitutives de l'âme humaine : la partie irrationnelle et la partie rationnelle. Les vertus qui viennent régler la partie irrationnelle sont appelées vertus morales, et parmi les principales on peut citer le courage, la tempérance, la libéralité. Les vertus de la partie rationnelle de l'âme (elle-même partagée en deux sous-parties, l'une tournée vers la connaissance, et l'autre vers l'action) sont appelées vertus intellectuelles. C'est à leur examen qu'est consacré ce livre VI de l'Ethique à Nicomaque. Aristote y reconnaît deux vertus intellectuelles principales, la prudence et la sagesse, auxquelles il adjoindra ensuite trois vertus intellectuelles mineures : la bonne délibération, l'intelligence et le jugement. La première moitié du texte que nous étudions est consacrée à la sagesse, la seconde à la prudence (et aussi à l'art politique), mais dans la partie consacrée à la sagesse il est déjà question de la prudence, dont on comprend qu'elle concentre ici tout l'intérêt du Stagirite.

LA SAGESSE

Aristote commence par lier la sagesse à l'excellence : elle concerne tous ceux qui excellent dans un art, mais aussi, à un plus haut point, ceux qui sont parvenus à une excellence « en général », ceux pour qui le savoir n'est pas parcellaire, mais global, un savoir « sous sa forme la plus achevée ». Le savoir qui ouvre la porte de l'excellence aux premiers (par exemple les sculpteurs) est plutôt de l'ordre de ce que l'on appelle aujourd'hui un « savoir-faire ». Le savoir pour ceux qui sont sages en général est plus large. En quoi consiste-t-il ? Aristote y voit le sommet de la connaissance humaine et en affirme clairement la dimension théorique : la sagesse au sens plein du terme est la connaissance des conclusions portant sur les principes, mais aussi la connaissance des ces principes mêmes. Elle est « science munie en quelque sorte d'une tête » et « porte sur les réalités les plus hautes ». Aussi doit-elle être « raison intuitive[1] et science ». Mais cela lui confère-t-il aussi un caractère pratique ? C'est ce qui est en débat dans ce texte. Notons déjà qu'Aristote la place « plus haut » que la prudence et l'art politique, pour la raison que « l'homme n'est pas ce qu'il y a de plus élevé dans le Monde ». On pourrait penser que, si elle est plus élevée que la prudence, elle la contient et possède elle aussi un caractère pratique. Nous verrons que ce n'est pas le cas.

Il faut noter également ce qui ressemble à un paradoxe : Aristote semble dans ces deux premiers paragraphes accorder

---

1. La raison intuitive, ou *Nous*, désigne la capacité à appréhender les principes par intuition. En effet, explique Aristote, la science quand elle déroule ses démonstrations doit bien s'appuyer sur des principes premiers qui sont eux-mêmes indémontrables.

puis retirer la sagesse à l'homme. D'un côté en effet Aristote fait référence à des personnes sages (l. 4). D'un autre côté il place la sagesse au-dessus des hommes qui doivent se contenter, eux, de l'art politique ou de la prudence. Le paradoxe sera clairement levé plus loin dans le texte, lorsque nous découvrons derrière les personnes en question les figures d'Anaxagore et de Thalès : la sagesse ne concerne que quelques hommes d'exception, qui sont d'ailleurs eux-mêmes à peine humains – ils ne connaissent pas leur propre bien, et sont donc tout à fait inaptes à s'occuper des affaires de la Cité – à commencer de leurs propres affaires. Mais revenons à la science.

La Science, ou *Sophia*, revêt plusieurs sens chez Aristote. Dans un sens large, elle comprend la connaissance théorique (les sciences théorétiques), la connaissance appliquée à l'art, à la technique (les sciences poïétiques) et enfin la connaissance appliquée à l'action humaine (les sciences pratiques). Dans un sens étroit, la Science recouvre les seules disciplines théorétiques que sont les mathématiques, la physique et la théologie, et elle ne porte que sur des objets nécessaires et éternels. Quant à sa méthode, elle est démonstrative, elle procède par raisonnements et donne la cause des choses qu'elle connaît. Elle suppose la perception, et donc le corps, ce pourquoi les dieux n'ont pas de science, leur savoir étant immédiat et procédant par intuition. Par ailleurs ce qui confère son excellence à une science est l'excellence de son objet : aussi la connaissance de ce qui est universel est-elle supérieure à celle de ce qui est simplement contingent, la connaissance de ce qui est blanc et rectiligne l'emporte sur la connaissance de ce qui est bon et sain. La prudence, en raison de l'infériorité de son objet, est donc inférieure à la sagesse, mais ce qui fait son infériorité théorique assure son triomphe pratique.

On aurait donc pu s'attendre à ce qu'Aristote fasse de la sagesse un éloge sans nuance. Ce n'est pas le cas, bien au contraire, son éloge semblant bien n'en revêtir que l'apparence, et préparer ce qui pourrait presque ressembler à une exécution : la sagesse est « un savoir hors de pair, admirable, difficile et divin, mais sans utilité du fait que ce ne sont pas des biens proprement humains qu'ils recherchent ». L'intention d'Aristote n'est cependant pas de condamner la sagesse, mais il veut marquer très fortement la vocation pratique de la vie humaine, et souligner l'écart insurmontable qui sépare l'homme de Dieu – le véritable dépositaire de la sagesse. Aristote veut tirer toutes les conséquences de cet écart, mais il ne se résout pas à demander à l'homme de ne pas s'intéresser à Dieu, bien au contraire. Ainsi peut-on lire dans le livre X de l'Ethique à Nicomaque : « Il ne faut pas écouter ceux qui conseillent à l'homme, parce qu'il est homme, de borner sa pensée aux choses humaines, et, mortel, aux choses mortelles, mais l'homme doit, dans la mesure du possible, s'immortaliser, et tout faire pour vivre selon la partie la plus noble qui est en lui »[1]. Cela étant dit, pour ce qui occupe l'essentiel de sa vie, l'homme est appelé à vivre dans la Cité, à aménager le monde, à « prendre le relai d'une Providence défaillante »[2] : l'homme est avant tout un animal politique.

Pour bien comprendre ce qui est en jeu il est indispensable de faire un détour par la cosmologie d'Aristote. Le cosmos, nous explique ce dernier, est divisé en deux parties. La première comprend les astres, elle est caractérisée par l'éternité et la perfection : c'est le royaume de la nécessité et de

1. Aristote, *Ethique à Nicomaque*, 1177 b 31-35.
2. P. Aubenque, ouvrage cité, p. 176.

l'universalité. Tout autre est le monde dans lequel nous vivons, le monde sublunaire : ce monde est imparfait, il porte la marque de la contingence, ce pourquoi rien n'y est parfaitement connaissable, ni maîtrisable par l'homme. Notre monde est le domaine des choses singulières. Certes il y a aussi des traces d'universalité dans ce monde, et par exemple ce qui est blanc ou rectiligne est le même pour tous les êtres. Mais il n'en est pas de même d'autres caractéristiques de l'être : ainsi sain et bon varient, ce qui est sain pour l'un peut être un poison pour l'autre. Or la science, telle que la comprend Aristote, est impuissante à maîtriser ces différences : ici commence le règne de la prudence, qui s'intéresse à ce qui est variable [1].

SAGESSE ET ART POLITIQUE

Aristote montre alors que l'on ne saurait confondre sagesse et art politique. Pour cela il s'appuie sur une définition partielle de l'art politique (l'art politique, c'est la connaissance de ses propres intérêts) et raisonne ensuite par l'absurde. Admettons que la sagesse soit identique à l'art politique (thèse à réfuter donc). La sagesse sera donc connaissance de ses propres intérêts. Mais puisque les intérêts varient avec les espèces, il y aura multitude de sagesses. Or il entre dans la définition même de la sagesse, selon Aristote, que la sagesse est une. La démonstration étant juste et la conclusion étant fausse, c'est que l'hypothèse elle-même est fausse : l'art

---

1. Il est bien entendu que la science telle que nous l'entendons aujourd'hui n'admet pas les limites qu'Aristote lui assigne. Cela n'empêche pas la réflexion engagée par Aristote sur la différence entre science et prudence de pointer de manière très juste des problèmes qui restent actuels – la science reste en échec dans sa volonté de capter des aspects fondamentaux de la vie humaine.

politique et la sagesse ne peuvent être confondus ! Pourquoi Aristote revient-il alors sur l'objection que les hommes l'emportent sur les animaux ? Si les animaux possèdent la prudence, comme il a été dit, les hommes devraient posséder quelque chose de plus élevé que la prudence. La réponse à ceci est que l'homme n'étant pas ce qu'il y a de plus élevé, il faut réserver la sagesse à ces êtres qui sont au-dessus des hommes. Quant à la prudence attribuée aux animaux, il ne faut pas l'exagérer, c'est une prudence d'instinct, nullement de délibération ni d'expérience au sens riche du terme (Aristote se contente de dire qu'on les qualifie de prudents).

LA PRUDENCE

Si la science, qu'illustrent Anaxagore et Thalès, est inutile, il en va tout autrement de la prudence, c'est ce qui ressort de la suite du texte. La connaissance de ce qui est sain et bon, d'un point de vue pratique, on le comprend, est un enjeu d'une toute autre ampleur que la connaissance de ce qui est blanc et rectiligne. Ce qui est bon (ou sain) est relatif aux individus : ce qui est bon pour un poisson ne l'est pas pour un oiseau, ce qui est bon pour un homme en bonne santé ne l'est pas pour une autre qui est malade (une promenade par un froid vif et sec).

La prudence avait été définie plus haut par Aristote : « une disposition, accompagnée de règle vraie, capable d'agir dans la sphère de ce qui est bon ou mauvais pour un être humain »[1], définition complétée par une présentation de l'homme prudent : « de l'avis général, le propre de l'homme prudent c'est d'être capable de délibérer correctement, sur ce qui est

---

1. Aristote, *Ethique à Nicomaque*, 1140b5.

bon et avantageux pour lui-même, non pas sur un point partiel, mais d'une façon générale, quelles sortes de choses par exemple conduisent à la vie heureuse »[1]. Quel est alors l'objet précis de la prudence ? Elle concerne ce qui est variable et qui a rapport aux différentes choses qui intéressent personnellement l'homme, c'est à dire « les biens proprement humains ». Elle est très étroitement apparentée à l'action (« car elle est de l'ordre de l'action », est-il dit dans notre texte), et a pour caractéristique principale son lien à la délibération et à l'expérience.

PRUDENCE, ACTION, DÉLIBÉRATION

Mais qu'est-ce que l'action pour Aristote ? Il s'agit d'un processus en trois étapes (cette analyse recouvre la préparation de l'action et non son effectuation) : la *boulésis*, la *bouleusis*, et enfin la *proairésis*[2]. La *boulésis* correspond à l'intention initiale, définie comme un « souhait raisonné ». Par là, Aristote ancre l'action humaine à mi-chemin du désir (souhait) et de la pensée (raisonné) : pas d'action sans désir, mais l'action ne peut pas s'appuyer sur un désir brut, le désir doit commencer à être pénétré de pensée pour pouvoir servir de support à l'action. La deuxième étape correspond à la *bouleusis*, à la délibération donc. Quant à la troisième, c'est la *proairésis*, la décision. Je ne peux m'y arrêter ici, mais la réflexion sur la décision, son articulation avec la délibération, sa portée et les conditions de son exercice demandent aussi à être soigneusement réfléchis.

---

1. *Ibid*, 1140a25.
2. Voir Aristote, *Ethique à Nicomaque*, livre III, chapitres 4, 5, 6.

Cette approche philosophique de l'action, permettant de définir ce j'appellerai l'action véritable, permet de ne pas confondre cette dernière avec ses succédanés qui n'ont en vérité rien à voir avec elle – par exemple l'activisme, qui consiste à faire pour faire, alors que le sommet de l'action peut justement résider parfois dans le fait de ne rien faire. La délibération est vraiment la case de passage nécessaire à toute action digne de porter ce nom. Tournons-nous plus précisément vers elle.

« Le prudent a pour œuvre principale de bien délibérer », écrit Aristote dans notre texte. Le concept de délibération est essentiel pour toute la philosophie pratique d'Aristote. Voyons quel est son objet : « La délibération a lieu dans les choses qui, tout en se produisant avec fréquence, demeurent incertaines dans leur aboutissement, ainsi que celles où l'issue est indéterminée. Et nous nous faisons assister d'autres personnes pour délibérer sur les questions importantes, nous défiant de notre propre insuffisance à discerner ce qu'il faut faire »[1]. La délibération, nous le voyons bien, est directement liée à l'incertitude qui règne dans le domaine des « choses humaines », domaine où une certaine prévision est possible, mais où dans le même temps une marge d'incertitude est irréductible. Pourquoi alors est-il si important de délibérer ? Pour suppléer au manque de savoir et faire face à l'incertitude, en particulier lorsqu'on est à la recherche du « meilleur des biens réalisables pour l'homme », et des moyens les plus adaptés à cette fin. Un homme pleinement conscient de cette situation cherche à réduire cette marge, car il y va de son bien (qu'Aristote identifie au bonheur). Ce pourquoi l'homme

1. *Ibid*, 1112 b 8-11.

prudent, plutôt que de s'en tenir à sa propre expertise (celle qui résulterait d'une délibération avec soi-même, ce qui représente déjà un grand premier pas en comparaison avec celui qui agit par simple impulsion), va chercher à s'associer à d'autres pour en retirer de bons conseils.

La délibération, montre Aristote, n'est ni science, ni justesse du coup d'œil, mais on ne peut non plus la réduire à une forme quelconque d'opinion. Elle est une forme de rectitude de pensée, elle est un processus qui demande un certain temps et il n'y a pas de raccourci possible : « (elle) exige beaucoup de temps, et on dit que s'il faut exécuter avec rapidité ce qu'on a délibéré de faire, la délibération elle-même doit être lente »[1]. Aristote nous fait ainsi comprendre que l'action ne peut jamais être réduite à la seule technique, qu'elle possède nécessairement une dimension morale. La prise en charge de la dimension technique de l'action ne pose guère de problème : il suffit d'apprendre et d'appliquer. Mais la dimension morale de l'action ne peut être prise en charge par un savoir, un tel savoir (moral) n'existe tout simplement pas. Cette dimension morale, qui inclut en particulier tout l'horizon d'incertitude qui nimbe l'action, incertitude sur les moyens et sur les fins, demande constamment et de façon absolument impérative une délibération.

On peut comprendre aussi qu'une condition à remplir pour qu'une délibération soit possible est d'accepter le doute et l'hésitation. Des personnes sûres d'elles-mêmes et persuadées que leur opinion est la seule qui peut être défendue sont inaptes à la délibération. Aristote nous demande lorsque nous délibérons de chercher à atteindre le meilleur des biens réalisables

---

1. *Ibid*, 1142 b 3-4.

par l'homme « par le raisonnement ». Aristote montre par là une conception de la raison qui est très intéressante, et que nous ne devons pas oublier : choisir la raison, vouloir être rationnel dans sa vie, ce n'est pas dérouler de grandes chaînes de raisons qui viendraient enserrer la totalité du réel, c'est accepter les limites de son approche, nécessairement incomplète et par là imparfaite. C'est être ouvert aux révisions de ses propres croyances, c'est donc rechercher la délibération comme une possibilité d'avancer dans sa réflexion à la recherche d'une vie bonne.

PRUDENCE ET EXPÉRIENCE

La deuxième grande caractéristique de la prudence est son lien à l'expérience : « C'est pourquoi certaines personnes ignorantes sont plus qualifiées pour l'action que d'autres qui savent : c'est le cas par exemple des gens d'expérience ». Mais que faut-il entendre par expérience ? Est-ce que la simple répétition d'une même situation suffit à procurer de l'expérience ? Non, l'expérience aristotélicienne a un sens plus riche, elle se situe à mi-chemin entre la sensation et la science[1]. L'expérience est déjà connaissance, elle sur la voie de l'universel. Mais l'expérience, si elle demande un esprit bien disposé, demande aussi du temps. Aristote écrit :

> On n'admet pas facilement qu'il puisse exister de jeune homme prudent. La cause en est que la prudence a rapport aussi aux

1. Même si dans ce texte même Aristote semble l'attribuer aux animaux. Mais il le fait plus pour appuyer sa propre thèse – la prudence demande d'abord la connaissance des singuliers, et les animaux en sont finalement plus proches que les savants du style de Thalès – que parce qu'il considère que les animaux auraient accès à une véritable pensée, ce qu'il ne croit pas.

faits particuliers, qui ne nous deviennent familiers que par l'expérience (…) On pourrait même se demander pourquoi un enfant, qui peut faire un mathématicien, est incapable d'être philosophe ou même physicien. Ne serait-ce pas que, parmi ces sciences, les premières s'acquièrent par l'abstraction, tandis que les autres ont leur principe dérivé de l'expérience et que, dans ces derniers cas, les jeunes gens ne se sont formés aucune conviction et se contentent de paroles [1].

Alors que la science s'adresse à ce qu'il y a de plus impersonnel en l'homme, l'intellect, et que pour elle une transmission est possible par un enseignement, c'est à un niveau plus vital que se situe l'expérience : il ne s'agit plus seulement d'un exercice de logique, mais de choix humains, de conduite de sa vie par un homme, là où il est question de désir et de passions, de plaisir et de peine. Aussi l'expérience ne peut-elle se transmettre aisément, elle est vraiment une voie personnelle que chacun doit suivre lui-même, intégralement pourrait-on dire, et sans raccourci possible. L'exemple choisi par Aristote pour illustrer ceci, la connaissance des viandes légères, n'est cependant pas le plus heureux car il sous-estime la part proprement intellectuelle qui lui est nécessaire : connaître des viandes légères et donc faciles à digérer est à la portée des animaux, par une simple répétition et réflexe pavlovien.

Le problème de l'expérience aujourd'hui

Aristote, nous avons pu le voir, accorde une place importante à l'expérience, et aux « gens d'expérience », pour décider des actions à entreprendre quand nous sommes en

1. Aristote, *Ethique à Nicomaque*, 1142 a 13-20.

situation d'incertitude. Mais cette expérience ne suffit pas à court-circuiter ou disqualifier la délibération : il n'y a pas d'homme providentiel. Qu'en est-il aujourd'hui de la place à accorder aux gens d'expérience, et surtout peut-il exister encore des personnes de ce type capables de répondre à nos nouvelles attentes ?

A l'époque d'Aristote, on peut penser que le genre de situation pour laquelle le recours à un homme d'expérience s'avérait nécessaire pouvait être par exemple l'approche d'une armée ennemie ou la crainte d'avoir de très mauvaises récoltes. On peut concevoir alors que la présence dans la Cité d'une seule personne d'expérience, qui a connu plusieurs fois ce type de situation, qui s'est trouvée impliquée dans sa gestion concrète et en tiré une réflexion personnelle, puisse être un conseil précieux.

Mais aujourd'hui ? Prenons l'exemple du changement climatique : si les prévisions établies par les scientifiques à partir de modèles se confirment, il y aura là un phénomène d'une ampleur et d'une rapidité absolument inédite[1]. Mais aucun homme n'a l'expérience d'un monde qui se réchauffe à un tel rythme, ni bien entendu celle de vivre dans un monde plus chaud de plusieurs degrés par rapport à ce que nous connaissons aujourd'hui. Comment pallier à ce manque d'expérience ? Comment devenir, comme Aristote le dit dans le texte à propos de certains animaux, « capables de prévoir » et, plus encore, de nous organiser et d'agir avant qu'il

1. Nous sommes bien là dans le champ d'application du principe de précaution : des risques graves et irréversibles, une incertitude de nature scientifique portant sur la connaissance précise des effets et des conséquences du phénomène (aussi bien sur son ampleur en moyenne que sur la distribution géographique).

ne soit trop tard? Voilà qui nous oblige à nous tourner, pour tenter d'y suppléer au mieux, vers une expérience collective, pluridisciplinaire et ouverte au-delà des seuls spécialistes théoriciens, constituant ce que certains appellent des « réseaux hybrides »[1]. On imagine que nous aurons alors besoin de faire appel à des « gens qui savent », urbanistes, agronomes, naturalistes, géographes, historiens, sociologues, etc. mais aussi à des « gens de terrain », à tous ceux qui, au quotidien, s'engagent dans des actions concrètes visant le même objectif. Ils auront à travailler ensemble, et la place qu'ils devront accorder à la délibération devra être importante. Dans un tout autre domaine, la mobilisation qui s'est faite contre le SIDA autour de l'association AIDES (regroupant en particulier des malades et des médecins) est un bon exemple de « co-construction » d'un tel savoir pratique.

L'idée même d'un homme qui aurait accumulé assez d'expérience pour que l'on puisse s'appuyer sur lui pour nous guider dans nos choix et conduire nos actions nous est devenue étrangère (du moins étrangère aux yeux des personnes lucides). Ce surcroît dans le déficit d'expérience demande par compensation un surcroît de délibération. Faire rentrer la délibération dans la culture, et cela dés les premières étapes de l'éducation, constitue un enjeu majeur.

---

1. Voir M. Callon, P. Lascoumes, Y. Barthe, *Agir dans un monde incertain, essai sur la démocratie technique*, Paris, Seuil 2001.

Conclusion
Distinction de deux formes de savoir, le savoir théorique et le savoir relatif à l'action

La prudence n'est pas la sagesse, ni même une partie de la sagesse : voilà bien là l'enseignement essentiel qu'il faut retirer de l'étude de ce texte, qui nous invite à distinguer deux tournures de pensée, la théorique et la pratique. Il n'y a pas une seule forme de savoir, il n'y a pas un seul usage de la raison, la théorie et la pratique ne se recouvrent pas. Le savoir du laboratoire n'est pas tout le savoir. Il y a à côté de lui un savoir pratique, et donc une raison pratique, qui n'est pas une sous-raison placée sous le contrôle de la raison théorique, mais qui est à côté d'elle, en complément d'elle, et sans relation hiérarchique avec elle. Ceci a des conséquences très importantes pour notre réflexion sur le bon usage du principe de précaution. Dis abruptement, il ne peut être question de remettre les clés de cet usage entre les mains des experts[1] : si leur savoir théorique est indispensable, il n'est pas du tout suffisant pour construire une décision et une action qui soit à la hauteur des problèmes que nous avons à résoudre. Ces problèmes sont au moins autant redevables au domaine de la pratique qu'à celui de la théorie. Nous avons besoin d'inventer de nouvelles pratiques, qui feront une grande place à la délibération. Nous avons besoin d'inventer une prudence contemporaine, et pour cela Aristote nous est plus précieux que Platon.

---

1. La discussion est vive aujourd'hui sur la place, le mode de fonctionnement de l'expertise dans l'application du principe de précaution – ainsi que sur le mode de recrutement et le statut des experts. Voir en particulier la discussion, au niveau de l'UE, pour l'autorisation de la mise en culture des OGM.

TEXTE 2

JONAS
« L'avenir de l'humanité et l'avenir de la nature »,
Le Principe responsabilité, p. 187-188[1]

L'avenir de l'humanité est la première obligation du comportement collectif humain à l'âge de la civilisation technique devenue « toute-puissante » *modo negativo*. Manifestement l'avenir de la nature y est compris comme condition *sine qua non*, mais même indépendamment de cela, c'est une responsabilité métaphysique en soi et pour soi, depuis que l'homme est devenu dangereux non seulement pour lui-même, mais pour la biosphère entière. Même si les deux choses se laissaient séparer – c'est-à-dire si avec un environnement ravagé (et remplacé en grande partie par des artefacts), une vie digne d'être appelée humaine était possible pour nos descendants – la plénitude de vie produite pendant le long travail créateur de la nature, et maintenant livrée entre nos mains, aurait droit à notre protection pour son propre bien.

Mais puisqu'en effet les deux choses sont inséparables, sans caricaturer l'image de l'homme, et qu'au contraire dans le

1. H. Jonas, *Le Principe responsabilité*, Paris, Cerf, 1995.

plus décisif, à savoir l'alternative « préservation ou destruction », l'intérêt de l'homme coïncide avec celui du reste de la vie qui est sa patrie terrestre au sens le plus sublime de ce mot, nous pouvons traiter les deux obligations sous le concept directeur de l'*obligation pour l'homme* comme une seule obligation, sans pour autant succomber à une réduction anthropocentrique.

La réduction à l'homme seul, pour autant qu'il est distinct de tout le reste de la nature, peut simplement signifier un rétrécissement, et même une déshumanisation de l'homme lui-même, le rapetissement de son essence, même dans le cas favorable de sa conservation biologique – elle contredit donc son but prétendu, cautionné précisément par la dignité de son essence.

Dans une optique véritablement humaine la nature conserve sa dignité propre qui s'oppose à l'arbitraire de notre pouvoir. Pour autant qu'elle nous a produits, nous devons à la totalité apparentée de ses productions une fidélité, dont celle que nous devons à notre être est seulement le sommet le plus élevé. Celle-ci en revanche, à condition d'être bien comprise, comprend tout le reste en elle.

COMMENTAIRE

Ce texte est extrait d'un ouvrage de H. Jonas, publié en Allemagne en 1979, le *Principe responsabilité*. Il y connut un grand succès. Selon Jonas, notre époque est caractérisée par une profonde mutation du rapport de l'homme à son environnement, mais aussi à lui-même, sous l'effet de la progression fulgurante de la technoscience et de la massification des comportements. Si cette transformation de l'agir humain a pu susciter un enthousiasme sans beaucoup de mesure[1], Jonas y voit précisément le cœur de la menace. Mais pour autant il n'en rejoint pas les contempteurs les plus radicaux de cette évolution (il envisage par exemple avec faveur la maîtrise de la fusion nucléaire qui permettrait de résoudre à jamais la question de l'énergie pour les hommes[2]). S'il ne voit aucune raison de refuser a priori les cadeaux du progrès, Jonas nous demande de ne pas nous voiler les menaces qui y sont contenues. Il s'ensuit une nouvelle responsabilité pour l'homme, caractérisée par son objet (le fragile) et son

---

1. E. Bloch, *Le principe espérance*, Paris, Gallimard, 1991.
2. H. Jonas, *Principe responsabilité*, p. 256.

extension dans le temps (au-delà de notre vie, enjambant les générations) : il s'agit de préserver un monde vivable que nous puissions transmettre aux générations futures. Par là le concept de responsabilité se trouve élargi au-delà de la simple imputabilité : être responsable ce n'est pas seulement avoir à répondre d'un dommage, avoir à « répondre de » (la responsabilité imputation), c'est également avoir à « prendre soin de » (la responsabilité charge confiée). Cette responsabilité n'est plus considérée alors comme une limitation de l'action (éviter de faire ce que l'on pourrait nous imputer), mais bien au contraire une invitation à l'action (remplir notre tâche).

Avec l'accroissement fulgurant de la puissance de l'agir humain, c'est le monde dans sa totalité qui est venu se placer sous notre responsabilité. Celle-ci, qui était simplement locale, est devenue globale, n'admettant plus de limite dans l'espace et s'étendant très loin dans le temps (que l'on songe au destin des molécules de gaz carbonique, responsables du réchauffement climatique, qui voyagent tout autour de la terre et dont la durée de vie est de plus d'un siècle). C'est à partir de ce constat que Jonas déduit un nouvel impératif catégorique : « Agis de façon que les effets de ton action soient compatibles avec la permanence d'une vie authentiquement humaine sur terre »[1]. La forme de cet impératif nous rappelle celui de Kant : « Agis seulement d'après la maxime grâce à laquelle tu peux vouloir en même temps qu'elle devienne une loi universelle », mais Jonas en souligne d'emblée la différence. Alors que l'impératif kantien (l'universalisation de la maxime de son action) est instantané et s'adresse à l'individu, celui de Jonas ajoute une perspective temporelle (c'est dans l'avenir que le problème de l'inconséquence de nos actes se posera) et

1. *Ibid.*, p. 30.

s'adresse plus à l'«ensemble collectif»[1] qu'à des individus isolés. Préserver un monde vivable, voilà notre nouvelle obligation collective, et nous ne serons donc pas surpris de voir notre texte s'ouvrir en évoquant l'«avenir de l'humanité» et l'«avenir de la nature».

L'AVENIR DE L'HUMANITÉ, L'AVENIR DE LA NATURE

Si le sens de l'«avenir de l'humanité» est assez clair, il n'en est pas de même de l'«avenir de la nature». Car le mot nature est polysémique. On peut comprendre «nature» comme le tout de l'univers, l'ensemble des choses et des êtres soumis aux lois physiques. Un second sens est celui de «biosphère»: la biosphère, c'est la partie de l'univers dans lequel la vie s'est développée. Un troisième sens est celui de principe vital. Il correspond à la différence qu'avait établie Aristote entre la «*phusis*» et la «*techne*»: la nature est alors ce qui advient spontanément à l'existence, ce qui possède en soi, et à titre essentiel, son propre principe de repos et de mouvement[2]. Elle s'oppose à la technique qui tend à rivaliser avec elle en produisant des artefacts. La nature, c'est alors ce qui est «donné», par opposition à ce qui est «fabriqué»[3]. Un dernier sens enfin renvoie à notre expérience sensible: la nature comme paysage, source de sentiments et avec laquelle nous entretenons une relation esthétique.

1. *Ibid.*, p. 32.
2. Aristote, *Physique*, II. 192b.
3. On peut aussi étendre cette définition «oppositionnelle» de la nature au domaine social. Si «nature» s'oppose à ce qui est produit par la *poiésis* (l'opposition *techne/nature*), «nature» s'oppose aussi à ce qui est produit par la *praxis*: c'est le sens de l'opposition *nomos/nature*, qui était en débat en Grèce, comme nous le verrons plus loin.

Comment, à la lumière de ces distinctions, faut-il entendre la menace que l'homme fait peser sur la nature ? L'homme ne menace aucunement la survie du cosmos et, contrairement à ce que l'on dit parfois, celle de la biosphère non plus ! Celle-ci dispose de toutes les ressources pour survivre à la pire agression que l'homme pourrait commettre à son égard ! Le principe de la vie n'est pas menacé : même une extinction massive d'espèces animales et végétales ne conduirait pas notre planète à l'état de désolation d'une planète telle Mars ou Vénus. Par contre il est vrai que les hommes peuvent dégrader et modifier quelques-uns des principaux cycles de la biosphère à un point tel que la nouvelle situation pourrait ne plus être compatible avec une vie humaine sur terre (mais les fourmis y trouveraient peut-être leur compte). Et, plus proche de nous, les hommes peuvent perdre le bénéfice des services écologiques [1], dégrader et enlaidir les paysages.

Quelle solidarité entre l'homme et la nature ?

Tournons-nous maintenant vers notre texte. Il traite de la solidarité d'intérêt de l'homme et de la nature (le monde organique). S'il semble assez facile d'accès, son étude plus précise révèle une construction assez complexe. Probablement cette complexité résulte-t-elle de la difficulté du projet même de Jonas. Celui-ci cherche en effet à atteindre une position d'équilibre entre les deux positions opposées de l'anthropocentrisme que l'on pourrait qualifier de conquérant

---

1. Parmi lesquels on peut noter l'épuration des eaux, la fertilité des sols, la pollinisation des arbres fruitiers.

et le cosmocentrisme à tendance misanthrope[1]. Si le premier accorde tout à l'homme et ne considère la nature que comme un simple matériau à son service, le second donne la priorité à la nature sur l'homme, les représentants les plus radicaux de ce courant pouvant aller jusqu'à considérer ce dernier comme un parasite, dont la présence ne serait acceptable qu'à la condition d'en diminuer très fortement le nombre. La gageure de Jonas consiste à vouloir donner le plus de gages possible à la nature, sans rien retirer à l'homme.

Il est utile, pour éclairer ce texte, de rappeler les principaux points évoqués par Jonas à propos de la nature dans la première partie de son ouvrage. L'image qui en ressort est celle d'une nature personnalisée, qui représente bien plus qu'un simple ensemble de ressources :

> Un appel muet qu'on préserve son intégrité semble émaner de la plénitude du monde de la vie, là où elle est menacée. Devons-nous l'entendre (…) ou devons-nous y voir un simple sentiment de notre part (…) La 1re thèse nous obligerait à élargir considérablement la conversion de la pensée mentionnée au-delà de la doctrine de l'agir, c'est-à-dire de l'éthique, vers la doctrine de l'être, c'est-à-dire la métaphysique (…) Nous devrions rester ouverts à l'idée que les sciences de la nature ne livrent pas toute la vérité au sujet de la nature[2].

En particulier Jonas a-t-il montré que la nature cultive des fins (et en particulier la vie elle-même) :

---

1. L'anthropocentrisme n'est pas toujours conquérant, et le cosmocentrisme pas toujours misanthrope, c'est du moins l'hypothèse retenue par Jonas qui cherche à les concilier en montrant que cela permet de corriger leurs excès réciproques.

2. *Principe responsabilité*, p. 27. Il faut préciser – ce qui ressort plus nettement des passages suivants – que Jonas adopte sans réserve cette 1re thèse.

> Sur la foi du témoignage de la vie (que nous, qui sommes ses rejetons devenus capables de prendre conscience d'eux-mêmes, nous devrions être les derniers à nier), nous disons que la fin comme telle est domiciliée dans la nature (…) avec la production de la vie la nature manifeste au moins une fin déterminée, à savoir la vie elle-même [1].

Jonas en arrive ainsi à établir que la nature cultive aussi des valeurs : « Notre démonstration précédente que la nature cultive des valeurs, puisqu'elle cultive des fins » [2], et donc qu'elle est une valeur, qu'elle a de la valeur (elle ne peut être réduite à un simple « état de fait » que nous nous contenterions de constater). Nous sommes là proches du schème aristotélicien qui voit tous les organismes vivants tendus vers la réalisation d'un but. L'avenir de la nature importe donc, et pas seulement comme un moyen indispensable pour l'homme, mais pour elle-même.

Il est intéressant, pour éclairer la suite de mon étude, de présenter l'ensemble des possibilités d'envisager l'avenir (pérenne) de cette la nature en croisant les approches relatives à deux points de vue : le point de vue de l'homme et le « point de vue de la nature » – tel du moins qu'il est compris par l'homme [3]. Pour chaque point de vue je propose la même alternative : on peut considérer comme important – ou comme

---

1. *Ibid.*, p. 107.
2. *Ibid.*, p. 113.
3. Dans tous les cas, il ne peut s'agir que d'un point de vue humain, et cela pour la simple raison que la nature est bien incapable d'avoir un point de vue et encore moins de le faire connaître. Jonas est très clair sur ce point : c'est toujours de l'homme et de sa responsabilité qu'il s'agit. Dire par exemple que l'avenir de la nature est chose importante pour la nature elle-même ne veut pas dire que la nature le pense, qu'il s'agit d'un point de vue de la nature, mais que l'homme le pense à propos de la nature.

sans importance – que la nature ait un avenir (pérenne). J'y évoque aussi la notion de valeur intrinsèque à propos de la nature : par valeur intrinsèque il faut entendre que la nature a une valeur par elle-même, indépendamment de tout jugement ou de tout intérêt humain, ce qui correspond à l'affirmation de Jonas que la nature cultive des fins et donc des valeurs. La valeur intrinsèque de la nature s'oppose à sa valeur seulement instrumentale– ainsi qu'à son absence de valeur[1].

L'avenir (pérenne) de la nature est :

Pour l'homme Pour la nature elle-même	Pas important	Important
Pas important	1. La nature n'a aucune valeur intrinsèque, elle n'est rien de plus qu'une ressource qui répond à un besoin provisoire de l'homme, qui pourra un jour s'en passer	2. La nature n'a aucune valeur intrinsèque, elle n'est rien de plus qu'une ressource, mais elle répond à un besoin pérenne de l'homme qui ne pourra jamais s'en passer
Important	3. La nature a une valeur intrinsèque, mais cette valeur est seulement instrumentale du point de vue de l'homme. L'homme pourra un jour se passer d'elle	4. La nature a une valeur intrinsèque et une valeur existentielle pour l'homme qui ne pourra jamais s'en passer

1. Il n'y a guère de doute qu'Aristote reconnaisse la valeur intrinsèque de la nature. Parmi les contemporains, à côté de Jonas et de façon tout à fait indépendante, P.W. Taylor, l'un des plus éminents représentants du courant de l'éthique environnementale, a cherché à fonder ce concept d'une valeur intrinsèque de la nature (voir son article « L'éthique du respect de la nature » dans le recueil de textes réunis et commentés par H.S. Afeissa, *Ethique de l'environnement*, Paris, Vrin, 2007).

Récapitulons. L'hypothèse (1) correspond à une situation où l'avenir pérenne de la nature n'a aucune importance, ni pour l'homme, ni pour elle-même. Il n'a pas d'importance pour la nature même, car si celle-ci est dépourvue de valeur intrinsèque, il n'y a rien à perdre à sa disparition. Il n'a pas d'importance pour l'homme non plus, car l'hypothèse suppose que l'homme pourra un jour s'en passer, et qu'elle sera donc dépourvue pour lui de la seule valeur qu'il lui reconnaissait, la valeur instrumentale. Si l'homme vient bien de la nature, son histoire est celle de son émancipation progressive, pouvant le conduire jusqu'à une complète séparation et on peut envisager qu'il la quitte alors comme on quitte une vieille peau lors d'une mue. L'avenir de l'humanité et l'avenir de la nature sont séparables. Dans l'hypothèse (2), l'avenir de la nature est important pour l'homme, mais non pour la nature elle-même. Ce qui change par rapport à (1) est que l'on n'envisage plus maintenant que l'homme puisse un jour s'émanciper complètement de la nature : les deux avenirs paraissent non séparables (c'est du moins le point de vue de l'homme). Selon l'hypothèse (3), l'avenir de la nature n'est pas important pour l'homme, mais elle l'est pour la nature qui, indépendamment du service qu'elle rend à l'homme, cultive ses propres fins. Même si l'homme pouvait s'en séparer, son devoir vis-à-vis d'elle serait d'en prendre soin. Selon l'hypothèse (4), l'avenir de la nature a une importance non seulement pour l'homme, mais pour la nature elle-même (qui a une valeur intrinsèque). De nouveau, les deux avenirs paraissent non séparables (toujours du point de vue de l'homme). C'est là la thèse défendue par Jonas dans ce texte.

Revenons maintenant à l'étude détaillée du texte. Celui-ci commence avec l'énonciation de ce que Jonas donne comme étant la première obligation de l'humanité « devenue toute puissance *modo negativo* », celle de veiller à son avenir. Viennent ensuite s'enchaîner plusieurs propositions. On en dénombre trois. La première selon laquelle l'avenir de la nature est contenue dans l'avenir de l'humanité (ou que l'avenir de l'humanité ct l'avenir de la nature ne peuvent se laisser séparer); la seconde selon laquelle l'avenir de la nature est devenu une « responsabilité métaphysique en soi et pour soi » (c'est ici la question de la valeur de la nature qui est abordée); la troisième selon laquelle nous pouvons traiter les deux obligations (envers l'humanité et envers la nature) sous le concept unifiant d'obligation pour l'homme. Le texte se conclut sous le constat que la fidélité que nous devons à nous-mêmes, « à condition d'être bien comprise, comprend tout le reste ».

Première proposition: L'avenir de la nature est compris dans l'avenir de l'humanité

Dés le début du passage se trouve affirmé ce qui est tout à la fois le fil directeur et la thèse principale de tout l'ouvrage : à l'âge de la toute puissance technique *modo negativo*, nous avons, nous les hommes, à travers notre comportement collectif, une nouvelle obligation (et donc une nouvelle responsabilité, car nous avons à répondre de cette obligation) : préserver l'avenir de l'humanité. Cette obligation a été introduite et justifiée au cours de toute la première partie de l'ouvrage, à partir du constat que l'essence de l'agir humain s'est transformée de manière si radicale qu'elle réclame « une éthique de la prévision et de la responsabilité qui lui soit commensurable et qui est aussi nouvelle que ne le sont les éventualités auxquelles elle a affaire »[1].

Tout de suite après se trouve introduite la question de l'avenir de la nature et de son articulation à l'avenir de l'humanité, qui est le thème principal de notre texte. Jonas avance que la première est contenue dans la seconde (*Manifestement l'avenir de la nature y est compris comme condition sine qua non*). Cela crée-t-il une obligation pour l'homme? Cela n'est pas affirmé ici, même s'il n'est guère douteux que pour Jonas ce soit le cas. Maintenant est-il aussi manifeste que Jonas semble le dire que l'avenir de la nature soit compris dans l'avenir de l'humanité? Jonas se situe ici dans le cadre des possibilités que j'avais appelées de non-séparabilité entre l'avenir de l'humanité et celui de la nature (cas de figure 2 et 4, sans que l'on puisse arbitrer à ce niveau entre ces deux cas), mais le tableau ci-dessus laisse bien apparaître deux cas de figure où les deux avenirs se laissent séparer. De fait Jonas quitte aussitôt cette proposition, sur laquelle il reviendra et qu'il cherchera alors à justifier.

Deuxième proposition : L'avenir de la nature est devenu une « responsabilité métaphysique en soi et pour soi »

La deuxième proposition avancée par Jonas nous dit que l'avenir de la nature est devenu une «responsabilité métaphysique en soi et pour soi», et il situe dans le temps l'origine de cette nouvelle responsabilité : «depuis que l'homme est devenu dangereux pour la biosphère entière». Si je me réfère

---

1. C'est face à cette capacité acquise par l'humanité de son autodestruction que prévaut ce nouvel impératif que Jonas énonce dés le début de son ouvrage (p. 30) : « Agis de façon que les effets de ton action soient compatibles avec la permanence d'une vie authentiquement humaine sur terre ».

au tableau récapitulatif avec ses 4 cas, les deux qui sont visés ici sont les cas 3 et 4, lorsqu'il y a une reconnaissance de la valeur intrinsèque de la nature.

Comment Jonas justifie-t-il cette responsabilité « en soi et pour soi » ? Afin de bien l'établir, et éviter qu'on puisse la confondre avec la poursuite d'un intérêt humain, Jonas pose une hypothèse provisoire (sur laquelle il reviendra ensuite) : on pourrait séparer l'avenir de l'humanité et l'avenir de la nature. Jonas (qui se situe ici dans le cas de figure 3) continue son raisonnement en affirmant que, dans ce cas où l'avenir de la nature serait indifférent à l'homme (qui n'y trouverait aucun intérêt), l'homme resterait l'obligé de la nature, parce qu'il a entre ses mains « la plénitude de la vie produite pendant le long travail créateur de la nature ». Reconnaître cette plénitude de la vie, c'est bien entendu accorder une valeur intrinsèque à la nature, par là lui accorder un droit à l'existence, et non seulement un droit à être « en général », mais même un droit à « être tel », c'est-à-dire avec un ensemble de qualités qui lui sont attachées : le droit est attaché à la « plénitude de la vie ». La nature apparaît ici tout à la fois comme sujet (elle travaille) et objet (elle est le produit de ce travail). Dans cette hypothèse une nature qui aurait perdu sa biosphère, une nature devenue minérale à l'image de la planète Mars, pourrait en « faire le reproche » aux hommes qui en seraient responsables.

La reconnaissance de la valeur intrinsèque de la nature tient une place essentielle dans le raisonnement de Jonas[1].

---

1. Cette question de la valeur intrinsèque peut être justifiée différemment. Les principaux représentants des différents courants de l'éthique environne-mentale s'appuient sur le critère dit du dernier homme. Ce critère nous demande d'envisager cette situation fictive où il ne reste plus qu'un homme sur la terre. Admettons que celui-ci se livre à un massacre la nature : son action ne porte préjudice à aucun être humain, et pourtant il est possible de s'accorder sur le fait

Jonas la justifie par long travail créateur de la vie, qui aurait abouti à une forme de plénitude. S'il est difficile de nier le « long travail créateur de la vie », on peut par contre discuter l'état de « plénitude » que Jonas lui reconnaît aujourd'hui, et qu'il ne justifie pas dans ce texte. On peut souligner deux choses ici. La première est que la reconnaissance du « long travail créateur de la vie » suffit à donner une valeur intrinsèque à la nature : un être qui travaille en produisant de la valeur a de la valeur, et cela indépendamment de la question de la plénitude à laquelle il est ou non parvenu. La seconde est que cette plénitude de la vie pourrait être justifiée par cet argument appelé de la survenance[1]. Si l'on se penche sur la nature, avec une approche tout à la fois cognitive et sensible, on ne peut pas ne pas être entraîné à reconnaître cette plénitude : quelle complexité et quelle intelligence, quelle beauté et quelle harmonie ! Ce jugement de valeur « survient » sur la description des faits, il s'impose à nous, à tout homme qui accepte de se placer dans la même situation : la seule manière de ne pas juger ainsi serait de se refuser à l'expérience de la rencontre de la nature.

Cette proposition de la responsabilité métaphysique en soi et pour soi que constitue l'avenir de la nature est très importante. Dans la suite du texte Jonas va développer des positions

---

que ce faisant il agit mal. Il n'est donc pas vrai qu'aucune action humaine ne puisse être mauvaise à moins de porter préjudice à un être humain. L'homme n'est pas le seul à porter une valeur et donc à pouvoir subir un préjudice. La nature est aussi dans cette situation : elle aussi a une valeur intrinsèque.

1. La survenance (supervenience) désigne la propriété selon laquelle des jugements normatifs « surviennent » nécessairement lorsqu'une certaine situation factuelle est donnée, et qu'il ne peut exister aucune différence à ce niveau normatif s'il n'y a pas une différence au niveau factuel. Voir R.M. Hare, *The Language of Morals*, Oxford University Press, 1952.

humanistes, qui culmineront avec le choix d'attribuer une position centrale à l'obligation pour l'homme. Or de l'humanisme à l'affirmation d'une position de surplomb de l'homme sur la nature, et enfin de cette affirmation à celle d'une conception purement instrumentale de la nature, le passage est aisé, si on n'y prend garde. L'affirmation de la responsabilité métaphysique en soi et pour soi empêche le passage à une vision purement utilitariste de la nature.

Troisième proposition : L'avenir de l'humanité et l'avenir de la nature : nous pouvons traiter les deux obligations sous le concept unifiant d'obligation pour l'homme

Jonas commence par reprendre sa première proposition « l'avenir de la nature est compris dans l'avenir de l'humanité », d'une manière légèrement modifiée : « Puisque les deux choses sont inséparables ». Quelle est la nature de la différence ? La deuxième formule a une forme symétrique que la première n'a pas : on ne peut séparer l'humanité de la nature, non plus que la nature de l'humanité. Or avec la première formulation ce deuxième cas est envisageable : si l'avenir de la nature est compris dans l'avenir de l'humanité, il n'est pas dit que l'avenir de l'humanité soit compris dans l'avenir de la nature ! Maintenant comment Jonas justifie-t-il cette inséparabilité ? Il avance deux arguments. Le premier nous dit que cela caricaturerait l'image de l'homme (ce qui est en même temps la reconnaissance qu'une séparabilité est possible, mais au prix du renoncement à une certaine image de l'homme – mais laquelle ?), et le second, que « face au plus décisif, à savoir l'alternative préservation ou destruction », l'intérêt de l'homme et celui de la nature coïncident. Les deux arguments ne sont pas sur le même plan, le premier renvoyant à la non-séparabilité du cas de figure 4, le second à la non-séparabilité du cas de figure 2.

La justification est-elle satisfaisante ? Le deuxième argument, sous cette forme, sans plus de précision, est top massif pour éclairer quoi que ce soit. Que faut-il entendre par destruction de la nature ? S'il s'agit de la disparition de toute forme de vie sur terre, alors oui, l'homme et la nature sont solidaires ; mais s'il s'agit d'une transformation (une détérioration du point de vue de l'homme, mais qu'en est-il « en soi » ?) de la biosphère qui rende la vie impossible pour l'homme mais favorise de nouvelles formes de vie – peut-être douées de moins d'agressivité que l'homme – que faut-il conclure ? Cet argument me semble être établi sur une fausse symétrie : s'il est effectivement difficile d'imaginer un avenir pour l'homme si la nature n'en a pas (inférence parfaitement logique si l'on considère que l'homme fait partie de la nature), on voit bien que cela ne fonctionne pas dans l'autre sens : la nature est parfaitement capable de se passer de l'homme, c'est d'ailleurs ce qu'elle a fait durant presque toute son existence ! On ne voit pas trop de quel secours le recours à l'hypothèse de la destruction apporte à la thèse proposée.

Il en est tout autrement du premier argument à propos de l'image de l'homme qui serait défigurée en cas de séparation de l'homme et de la nature. Ce thème d'une menace portant sur l'image de l'homme, qui sert ici à justifier la non-séparabilité de destin de l'homme et de la nature, sera repris sous une forme légèrement différente (celle de l'essence de l'homme) pour la justification de la 3ᵉ proposition. Quelle est la valeur de cet argument ? Toute la question est de savoir ce qu'on entend par image de l'homme. Jonas ne nous le dit pas ici, mais il s'est déjà exprimé sur la question précédemment dans cet ouvrage. Je rediscuterai plus précisément la question un peu plus loin lors de la mise en perspective de ce texte et de la question du transhumanisme, mais on peut résumer simplement les idées de Jonas à ce propos en disant que le visage de l'homme est celui d'un être libre et capable de responsabilité. Ceci n'est pas sans poser des problèmes pour l'usage qu'en fait Jonas ici : ne peut-on justement envisager, ce qui peut être une thèse défendue par les transhumanistes[1], qu'une humanité largement émancipée de la nature n'en reste pas moins une humanité libre et responsable ? A ce niveau, Jonas n'a pas encore établi que le lien de l'homme à la nature est essentiel, et que leur séparation caricature l'image de l'homme.

Qu'aurait-on pu attendre ici comme argument ? J'en vois un qui n'est pas traité (du moins pas explicitement) dans le *Principe responsabilité* : celui de l'importance pour l'épanouissement humain de pouvoir développer des sentiments de la nature. C'est à ce seul niveau en effet que peut se trouver justifiée la valeur existentielle et pas seulement instrumentale du lien entre l'homme et la nature : la nature représente une source presque infinie de sensations et de sentiments dont il serait bien présomptueux de déclarer que nous pourrions sans dommage nous passer.

Après avoir ainsi justifié l'inséparabilité des deux avenirs, Jonas va en déduire la troisième (et dernière) grande proposition de ce texte : « Nous pouvons traiter les deux obligations sous le concept directeur d'obligation pour l'homme ». Et si nous le faisons, ce point est essentiel, nous ne pouvons nous voir accuser d'anthropocentrisme.

---

1. Le transhumanisme est une philosophie qui prône l'usage des sciences et des techniques afin d'améliorer les caractéristiques du corps humain et du cerveau des hommes. Selon ses partisans l'homme tel qu'il existe aujourd'hui est une forme qui est appelée à être dépassée, l'homme de demain verra toutes ses performances considérablement augmentées, et il faut y voir un bien.

Examinons ce qu'entraîne le concept d'obligation pour l'homme. Il entraîne, cela va de soi, celui de l'obligation de défendre l'humanité contre tout ce qui pourrait la menacer. Mais cette défense justement ne constitue-t-elle pas une menace pour la nature? Non, dit Jonas, qui va justifier sa proposition par un argument plus précis et plus fort que la seule affirmation d'une solidarité de destin. Amoindrir la nature, c'est également amoindrir l'homme, voilà l'argument apporté par Jonas à l'appui à sa thèse. «La réduction à l'homme seul, pour autant qu'il est distinct de tout le reste de la nature»: Comment faut-il comprendre cette réduction? Jonas pense probablement à cette situation où l'homme serait amené à vivre dans une bulle technologique, dans un monde qui aurait vu progressivement les artefacts remplacer les éléments de la nature. Selon lui il y aurait là une réelle déshumanisation de l'homme.

La justification que donne ici Jonas n'est guère convaincante, et sa formule est assez alambiquée – plus rhétorique que rigoureuse. Tout d'abord il évoque comme conséquence d'une séparation avec la nature le rapetissement de l'essence de l'homme, «même dans le cas le plus favorable de sa conservation biologique» ce qui est assez difficile à interpréter: s'agit-il de la simple survie, auquel cas on ne voit pas trop l'intérêt de le souligner ici, ou plutôt du maintien de son intégrité biologique? Puis il ajoute que cela «(contre-dirait) son but prétendu, cautionné précisément par la dignité de son essence». On comprend qu'il s'agit du but de l'homme, dont la qualité de l'essence (sa dignité) l'oblige à s'élever, et pour cela il a besoin de la nature. Mais cela n'est pas montré, on a surtout ici une pétition de principe. Encore une fois, Jonas aurait du s'intéresser de plus près à ce que la nature apporte à l'homme, qui est si riche et proprement indépassable pour son total épanouissement. Mais la faiblesse de la démonstration ici n'empêche pas, à mes yeux, la force de la position défendue par Jonas : l'homme ne peut envisager, le cœur léger et la fleur à la boutonnière de dire « adieu à la nature », et de s'engager dans la voie de la reconstruction de A à Z du monde par la technique. La dénonciation de l'utopie technique à laquelle Jonas s'emploie tout au long de son ouvrage est elle très argumentée et tout à fait convaincante.

« DANS UNE OPTIQUE VÉRITABLEMENT HUMAINE LA NATURE CONSERVE SA DIGNITÉ PROPRE QUI S'OPPOSE À L'ARBITRAIRE DE NOTRE POUVOIR »

Nous en arrivons maintenant à la conclusion de ce texte. On y trouve la formule finale de la solidarité envisagée par Jonas entre les deux avenirs, une solidarité qui donne à l'homme une place prépondérante tout en garantissant à la nature une protection absolue. La place prépondérante de l'homme est annoncée par le choix de l'angle où l'on se place pour envisager les choses : cet angle est celui d'« une optique véritablement humaine ». Mais ce choix étant fait, la nature n'est pas oubliée : il est demandé à l'homme de lui accorder la fidélité comme conséquence de la dignité qui lui est reconnue. Jonas introduit ici la notion de dignité, un concept central dans la philosophie morale de Kant, mais que celui-ci réserve exclusivement à l'homme. L'extension de la dignité à la nature est un choix philosophique de grande portée, si l'on considère qu'elle place la nature dans une position qui interdit de la considérer comme un moyen (et aussi de lui donner un prix, sa valeur étant trop élevée pour admettre une contrepartie monétaire), et donne l'obligation de la considérer comme une fin pour nos actions. Jonas introduit alors une allégorie intéressante qui permet de mieux comprendre les places et statut respectifs de l'homme et de la nature dans le tout du monde. Cette allégorie repose sur la représentation d'un paysage accidenté, duquel émergent plusieurs sommets, l'homme y étant le sommet le plus élevé (ou, plus précisément, la fidélité due à l'homme est le sommet le plus élevé; mais cela ne change rien à l'interprétation de cette allégorie). L'allégorie est intéressante, car elle permet de fonder une supériorité de l'homme dans le monde, mais une supériorité sans extériorité, et qui laisse place à d'autres sommets que celui qu'il occupe. La dignité n'est pas la possession exclusive de l'homme, il y a d'autres sommets que l'homme, l'homme ne domine et n'écrase pas le reste de la nature qui se situerait sous lui – non, le reste de la nature est à côté de lui, et revendique aussi son droit à être protégée pour elle-même.

Mais Jonas n'écarte-t-il pas trop facilement les cas où il y aurait conflit entre les deux avenirs, et où l'homme devrait arbitrer. Bien entendu quand les intérêts convergent, le mérite n'est pas bien grand de faire avancer de pair les deux causes. Mais qu'en est-il quand il y a un conflit d'intérêts – à moins bien sûr que l'on ne nie qu'il puisse y avoir un tel conflit? Est-il sûr que, dans tous les cas, la fidélité que l'homme se doit à lui-même (à son propre être) suffise à garantir la fidélité à la nature? Cela se discute. C'est là toute la question du positionnement recherché par Jonas entre anthropocentrisme et cosmocentrisme, qui n'est pas encore vraiment résolu.

UNE ROUTE DE CRÊTE ENTRE ANTHROPOCENTRISME ET COSMOCENTRISME

Ce qui est très intéressant dans la démarche jonassienne, c'est qu'elle vise à occuper une position intermédiaire entre anthropocentrisme et cosmocentrisme, capable d'éviter les écueils propres à chacune d'elle. Si l'écueil anthropocentrique réside, nous l'avons vu, dans le glissement vers l'affirmation d'une supériorité absolue de l'homme sur la nature, l'écueil cosmocentrique réside, à l'inverse, dans un noyage des intérêts humains dans le grand tout de la nature. On le voit en particulier avec la question de la justice, telle que l'envisage A. Léopold : « Une action est juste, quand elle a pour but de préserver l'intégrité, la stabilité et la beauté de la communauté biotique. Elle est répréhensible quand elle a un autre but »[1].

Jonas nous permet de penser ensemble l'appartenance et la transcendance de l'homme dans son rapport à la nature, d'en faire les deux pôles d'une tension productrice. Maintenant, pratiquement, comment opérer quand, dans une situation concrète, on cherche à définir cette voie étroite ? Jonas ne nous le dit guère. Si l'anthropocentrisme revient à faire tourner le monde – et la nature – autour d'un centre : l'homme, l'écocentrisme choisit la nature pour centre. La nouvelle voie intermédiaire que nous cherchons ne consisterait-elle pas à remplacer le cercle (au centre duquel on vient placer soit l'homme, soit la nature) par une ellipse qui, on le sait, a deux centres. Dans un premier temps – c'est sa manière spontanée de procéder – on laisserait la pensée se déployer à partir du centre qu'est l'homme : le moment anthropocentré. Dans un deuxième temps on amènerait la pensée à venir se placer en l'autre centre (la nature) : le moment écocentré. Ceci permettrait d'intégrer ce moment où nous « pensons comme la montagne »[2], sans accorder de privilège spécial à l'homme.

1. A. Léopold, *Almanach d'un comté des sables*, 1949, Paris, Garnier-Flammarion, 2000.
2. Selon l'expression d'A. Léopold.

Mais, en un troisième temps, après ce moment écocentré, viendrait le retour à la position anthropocentrée, avec le bénéfice de s'être enrichi de la connaissance du point de vue cosmocentré : comment pourrait-il en être autrement, quand c'est l'homme qui pense, qui décide et qui doit agir ? L'anthropo-éco-centrisme que je présente ici n'est-il qu'une variante sans intérêt de l'anthropocentrisme classique, puisqu'au final nous avons replacé l'homme au centre ? Je ne pense pas. Si le moment écocentré est bien réalisé, il peut modifier de manière très conséquente les bases cognitives, mais affectives aussi, de notre jugement. Il vaut la peine de tenter cette expérience d'un véritable décentrement, qui nous permettra, sans rompre avec l'anthropocentrisme, de faire cesser les abus qui en ont découlé. On parviendra alors à une forme d'« anthropocentrisme faible », pour lequel plaident aussi des philosophes contemporains comme B. Norton[1], aux Etats-Unis, ou J.Y. Goffi[2], en France. Cette approche vise à intégrer l'approche holiste, sans rompre pour autant avec une vision hiérarchique qui place l'homme en une position éminente, qui lui confère la responsabilité sur le reste de la création. On peut ainsi conjuguer le fait qu'il y ait un bien de la communauté en tant que telle (symbolisé par la montagne) et que les devoirs de chacun de ses membres soient déterminés par la place qu'ils y occupent.

---

1. B.G. Norton, *Why Preserve Naturel Variety ?*, Princeton, Princeton University Press, 1987.

2. J.Y. Goffi, « La valeur symbolique des êtres de la nature » dans *L'éthique environnementale*, Paris, Sens éditions, 2000, p. 113-126.

TABLE DES MATIÈRES

QU'EST-CE QUE LE PRINCIPE DE PRÉCAUTION ?

TEXTES ET COMMENTAIRES

DANS LA MÊME COLLECTION

Imprimerie de la manutention à Mayenne (France) - Avril 2012 - N° 880559S

Dépôt légal : 2ᵉ trimestre 2012

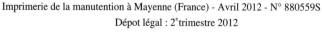